LA CERÁMICA TALAVERANA DEL DOCTOR HENCHE: GÉNESIS.

Septimio Andrés Domínguez.

A Beatriz.
Siempre a mi lado.

Índice.

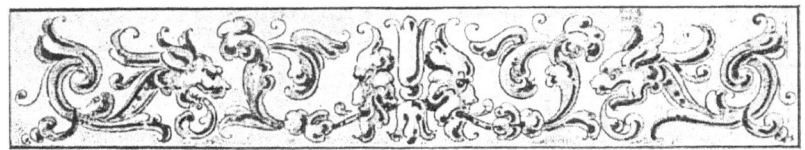

Presentación.

Este libro es un viaje al pasado, un emocionante recorrido destinado a explorar las motivaciones que llevaron al doctor Francisco Andrés Henche a fundar la Casa Henche, un modesto alfar especializado en cerámica artística talaverana durante el primer tercio del siglo XX.

Nuestra travesía se divide en cuatro partes, cada una desvelando la historia de las obras artísticas más importantes que moldearon la visión creativa del doctor Henche.

Para comprender plenamente este relato, necesitamos retroceder en el tiempo varios siglos para conocer la creación de la Orden de San Antonio, la Real Fábrica de Sedas de Talavera y la Real Fábrica de Tapices de Madrid. Es en esta inmersión histórica donde encontraremos las raíces que llevaron a nuestro protagonista a participar en la colocación de los azulejos de San Antón en el pórtico de entrada de la Ermita del Prado, a elaborar obras en seda plasmando sobre ellas el distintivo estilo Talavera, y a crear tapices, alfombras y reposteros.

Exploraremos también el renacimiento cultural talaverano que surgió en Madrid a principios del siglo XX, una corriente que anhelaba recuperar las piezas cerámicas talaveranas de los siglos XVI y XVII. En esta etapa destacó el renombrado ceramista Ruiz de Luna. No obstante, la cerámica no fue la única industria artística que sucumbió a las garras de las guerras napoleónicas; otras, como la producción de seda y tapices reales, también padecieron pérdidas irreparables.

Este renacimiento cultural talaverano tuvo predecesores durante la segunda mitad del siglo XIX, que lucharon por preservar monumentos y edificios notables que habían sido olvidados, algunos de los cuales albergaban obras artísticas de gran valía, como sucedió en la ermita de San Antón en Talavera de la Reina.

Otra destacada corriente cultural que surgió en el primer tercio del siglo XX fue el quijotesco movimiento cervantino liderado por el alcalde de El Toboso. Un evento único, surgido en una pequeña localidad toledana, que alcanzó repercusión mundial y llevó a la Casa Henche a crear los paneles cerámicos de la Venta de El Toboso.

Recién licenciado, el doctor Henche llegó al área talaverana en el momento oportuno, coincidiendo con este renacimiento cultural, al cual se sumó y supo aplicar su destreza en el arte talaverano.

Descubriremos que la obra artística del doctor Henche nació de una rigurosa investigación que comenzó en la vasta biblioteca del Palacio de Velada, complementado este conocimiento con la adquisición de volúmenes de obras de arte en diferentes formas de expresión, conformando una biblioteca personal muy apreciada. Sin la guía de maestros que le enseñaran el oficio, sin práctica en un alfar, ni orientación alguna, Francisco Andrés aplicó su destreza de estudio y análisis a la creación artística, logrando desde el principio, sin prueba y error, un resultado excelente.

Así, el propósito de este libro es ofrecer una ventana a la motivación que impulsó al doctor Henche a llevar a cabo sus obras más significativas. Él conocía la historia en su totalidad, y esa es la tarea de este libro: transmitirla. Juntos investigaremos los eventos históricos narrados por los verdaderos protagonistas de esta historia, dejando al doctor en un discreto segundo plano, como observador desde el palco, para después compartir su profundo amor por la cultura y su manera de homenajearla creando su propio arte.

Para aquellos que deseen conocer más acerca de la biografía del doctor Francisco Andrés Henche, les remito a mi libro anterior, "¡Que llamen al doctor Henche! Relatos de un médico en Talavera de la Reina durante el primer tercio del siglo XX".

Si no has tenido la ocasión de leerlo, ahora solo necesitas

saber que este médico apasionado por Talavera y su arte fundó una fábrica de cerámica artística en la ciudad de la cerámica que estuvo operativa entre los años 1924 y 1936. Se unió al ceramista Julián Montemayor entre los años 1925 y 1926, periodo en el que ganaron premios en exposiciones de Madrid y Toledo. La guerra civil española lo obligó a trasladarse a Madrid y enfrentó un expediente de responsabilidades políticas, que culminó con el embargo de sus bienes en Talavera.

Una vez terminada la guerra civil y con su expediente sobreseído, el doctor remitió numerosas cartas manuscritas y mecanografiadas al Ayuntamiento de Talavera de la Reina, reclamando la devolución de sus bienes. En estas cartas, el doctor dejó pistas fundamentales que se convirtieron en la clave para contar esta historia.

Prepárate para embarcarte en este viaje a través del tiempo y descubrir un mundo donde el arte, la cultura, la investigación y la pasión convergen. Tomaremos rumbo hacia tesoros ocultos a través de la lente de la prensa histórica. ¡Disfruta de la travesía!

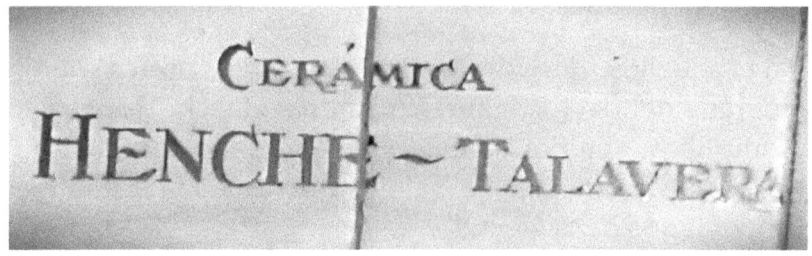

Primera Parte.

Los azulejos de San Antón.

Capítulo 1.

LA ORDEN DE SAN ANTONIO.

Gastón.

Esta historia comienza por una intrigante pista dejada por el doctor Henche en 1949, cuando redactó a mano una serie de escritos solicitando al Ayuntamiento de Talavera de la Reina la devolución de sus valiosos bienes.

Unos años antes, con el estallido de la guerra civil, el doctor se vio forzado a trasladarse junto a su familia a Madrid a primeros del mes de septiembre de 1936, y su hogar fue ocupado y convertido en un hospital militar por las fuerzas nacionales. Las obras de arte que decoraban la vivienda familiar fueron trasladadas a la sede del ayuntamiento, donde se dispersaron por diferentes salas, contribuyendo ahora a la decoración de esas estancias.

Ante la reclamación del doctor, el alcalde le pedía un documento que corroborara dicho traslado, a lo que el doctor contestó de manera contundente. Argumentó que sus bienes habían sido llevados a la fuerza, ya que él no se encontraba en Talavera en ese momento. Además, hizo hincapié en un detalle crucial: las cerámicas presentes en el ayuntamiento llevaban la firma de Henche o de Henche-Montemayor. No obstante, subrayó que el ayuntamiento nunca había adquirido ninguna de estas piezas. Como resultado, el alcalde no podría encontrar en los libros de contabilidad municipales ninguna factura relacionada con la Casa Henche, salvo por el trabajo encargado, ejecutado y abonado por el Ayuntamiento de Talavera de la Reina a esta fábrica de cerámica por un trabajo muy representativo de la cerámica talaverana: la colocación de la azulejería que adorna el pórtico de entrada de la Ermita del Prado.

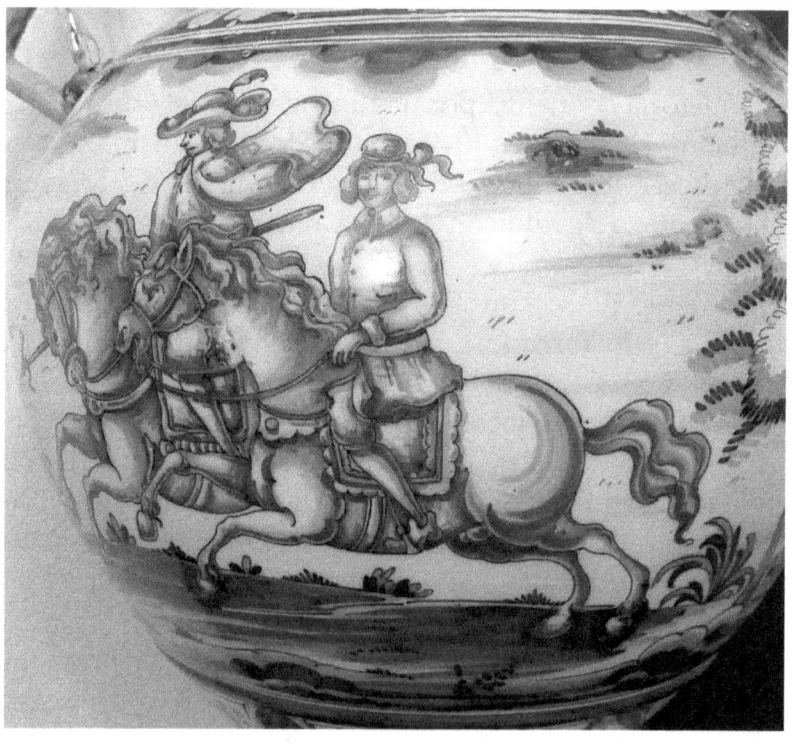

Detalle de ánfora de la Casa Henche o Henche-Montemayor.

Recorte de manuscrito del doctor Henche, año 1949.

Aquí comienza una meticulosa labor de investigación que nos permitirá desentrañar el misterio detrás de las palabras del doctor Henche, que parecían ser conocidas por todos en la década de 1930, pero que con el paso del tiempo se han desvanecido en el tejido de la historia.

Para emprender este fascinante viaje, debemos retroceder en el tiempo, remontándonos al siglo XI, concretamente al año 1095, y trasladarnos a los Reinos de Francia. En ese entonces, dos caballeros, un padre llamado Gastón y su hijo Girondo, se encontraban en una situación desesperada. Girondo estaba aquejado por una enfermedad terrible conocida como el "Fuego Sacro" o el "Mal de San Antonio", una afección provocada por la ingestión de centeno contaminado durante las malas cosechas. Esta enfermedad desencadenaba una sensación de quemazón aguda, convulsiones, necrosis e incluso podía llevar a la muerte.

Los dos caballeros, desesperados por encontrar una cura, decidieron encomendarse a San Antonio, haciendo un voto solemne de dedicar el resto de sus vidas al servicio del santo y de distribuir sus bienes en favor de los pobres. San Antonio aceptó su promesa y, de manera milagrosa, sanó a Girondo de inmediato. Esa misma noche, el santo se le apareció a Gastón y le recordó su voto: debería cuidar y sanar a los enfermos afectados por esa enfermedad. Para ayudarlo en su noble tarea, San Antonio le entregó un báculo con la figura de una letra T griega o egipcia, conocida como "Thau". Gastón fundó un hospital siguiendo estas indicaciones, lo que marcó el nacimiento de la Orden de San Antonio. En sus inicios, los miembros de esta orden eran seglares, que establecieron hospitales por toda Europa. 113 años después, el Papa Inocencio III les otorgó el derecho de vivir bajo una Regla, eligiendo la de San Agustín. A partir de entonces, se les conoció como la Orden de Canónigos Regulares de San Antonio Abad.

La Orden de San Antonio llegó a España alrededor del año 1214, y sus Casas se dividieron en dos grandes Encomiendas: una que abarcaba Castilla, Andalucía, Portugal y las colonias en las Indias, con el Comendador Mayor de Castrojeriz (Burgos), y otra que incluía Navarra, Aragón, Valencia, Cataluña y Mallorca, con un Preceptor General con sede en Olite (Navarra).

La vestimenta de estos monjes Hospitalarios de San Antonio consistía en un hábito negro adornado con la cruz Thau en tela azul. La Orden estaba bajo la dirección de un Gran Maestre en Francia, y cada Casa tenía su propio Comendador. A lo largo de su historia, fundaron más de 360 hospitales, ubicados estratégicamente en las principales rutas de peregrinación, con el propósito de dar refugio a los viajeros. Su labor abarcaba ámbitos caritativos, sociales y sanitarios.

Inicialmente, los Antonianos contaban con el privilegio de cuidar la salud del Papa y de acompañarlo en sus desplazamientos. Sin embargo, 1775, el Papa Pío VI redujo su influencia al fusionar la Orden de San Antonio con la Orden de Malta, y finalmente, en 1788, se emitió un decreto de suspensión y extinción de la Orden Antoniana.

En España, la Orden se suprimió en 1791, y sus

posesiones fueron entregadas a la Corona. Esta decisión conllevó la venta de los impresionantes templos, iglesias y castillos al mejor postor, lo que resultó en el expolio y abandono de la mayoría de las encomiendas. Este cambio tuvo grandes repercusiones en los servicios sanitarios que los monjes ofrecían a los más desfavorecidos, incluyendo tratamientos médicos y ciertas cirugías.

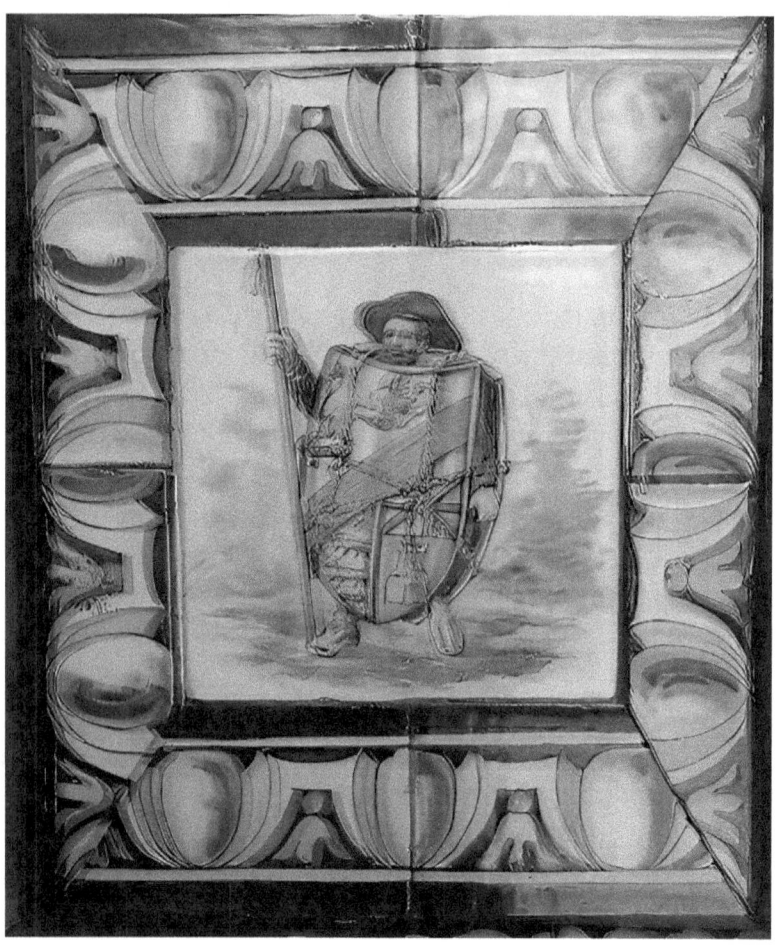

Azulejo. Casa Henche.

Capítulo 2.

LA ERMITA DE SAN ANTÓN.

Año de 1571.

Uno de estos Hospitales Antonianos se creó en el corazón de Talavera de la Reina. Este nos traslada a una época en la que el Comendador Mayor de Castrojeriz tenía la noble responsabilidad de supervisar hasta catorce hospitales, incluido el de Talavera, que visitaba cada cuatro años. Este hospital local, que se conocía como el Hospital de San Antón, constaba de dos edificios imponentes: el propio hospital y una iglesia que se erigía como parte esencial de este conjunto.

La iglesia, un testimonio impresionante de la artesanía artística local, estaba revestida de hermosos azulejos elaborados en el año 1571. Aunque el origen exacto de estos azulejos sigue siendo un enigma, no se cuestiona que fueron creados con la maestría distintiva de los alfares de Talavera. La disposición original de estas obras de arte cerámico fue descrita en el siglo XVII por Cosme Gómez de Tejada, quien alabó su esplendor: "En esta iglesia, la de San Antón, toda adornada (no es pequeña) de azulejos así el cuerpo como la capilla, y formando un retablo que ocupa toda la frontera hasta lo alto, obra de primor, y que no se tenga semejante." De hecho, esta colección de azulejos representaba un tesoro artístico, considerado como una de las obras más significativas de la azulejería talaverana del siglo XVI.

Lamentablemente, tras la supresión de la Orden Antoniana en 1791, el hospital de San Antón de Talavera cerró sus puertas, y su iglesia se transformó en una ermita dedicada a San Antón, el patrón de los animales.

En 1866, Luis Jiménez de la Llave alertó sobre el estado ruinoso de la iglesia de San Antón, uno de los pocos que aún podía entrar en la ermita. Como historiador, detalló en el periódico El Tajo lo que vio el 3 de marzo de 1867: "A consecuencia de haberse hundido un trozo de pared de la iglesia que perteneció a la encomienda de San Antonio Abad de esta villa, y declarado por los peritos en inminente peligro todo el edificio, la autoridad local, atendiendo a la seguridad pública, ha dispuesto enseguida, previos los requisitos legales, su derribo, y que los renombrados azulejos del revestimiento sean cuidadosamente desprendidos y con el debido orden colocados en cajones, hasta que el Gobierno de S.M., en vista del parecer que, conforme con el de la Comisión provincial de Monumentos tiene emitido la Real Academia de San Fernando, se sirva resolver acerca de ellos.
El referido chapado que representa santos y pasajes bíblicos constaba de más de 10.000 piezas de 0,14 metros cuadrados cada una, de las cuales gran parte ha desaparecido, y otra no pequeña yace en revueltas fracciones por el suelo. El retablo es lo que en mejor estado se encuentra, aunque le faltan algunas de las 2.950 piezas de que se componía: además de un notable Crucifijo que ocupa el centro, y de muchas pinturas de ornamentación, tiene aún buenos cuadros referentes a la pasión

del Salvador y a otros asuntos. También es muy lindo y está bien conservado el púlpito, entre cuyos graciosos y bien coloridos relieves se ven las imágenes de cuatro santos de la venerable Orden de predicadores. La parte del muro desplomada tenía en el friso un prendimiento del Señor, que se había mantenido íntegro hasta hace poco tiempo, y que habrá quedado completamente destrozado; pero los bellos cuadros que sobre él estaban fueron por fortuna arrancados por sus compradores, y parece que existen en buen estado y custodiados allí mismo.

Sobre la puerta, y bajo un escusón de las armas de España, pintado el año 1675, hay exteriormente otro cuadro con el santo titular en un paisaje lleno de caballos, toros y otros animales, con una leyenda conmemorativa de la reedificación que *"se hizo con el favor de Dios y de los buenos en los años del Señor 1569 y 70"*, igual en lo demás a la siguiente que está por encima del altar: *"Esta obra de azulejos se hizo año del Señor de 1571 años siendo Sumo Pontífice Pío V y Rey de España Felipe II y Arzobispo de Toledo D. Fray Bartolomé de Miranda"*.

No parece que constan allí otras noticias sobre dicho revestimiento, pero desde luego es indudable que se construyó en estos alfares, tan famosos desde la época más remota por las muchas y excelentes obras que de ellos se conservan".

Treinta años después del relato de Jiménez de la Llave, en 1897, Ildefonso Fernández corroboró la desaparición de la ermita de San Antón. Según sus registros, esta se encontraba en la actual calle Cuartos, conocida hoy como calle del Padre Juan de Mariana, y en su lugar se había erigido una vivienda particular, propiedad del vecino Dámaso Portalatín. Aunque señaló que el edificio del hospital todavía perduraba y cerraba la calleja de San Antón, la iglesia había desaparecido por completo.

Capítulo 3.

EL TRASLADO DE LOS AZULEJOS.

Luis Jiménez de la Llave.

Luis Jiménez de la Llave (1823-1905) emerge como una figura fundamental en esta travesía histórica. Inicialmente formado en Infantería, una enfermedad temprana lo obligó a retirarse del servicio militar. Sin embargo, su pasión por la Historia lo llevó a estudios más profundos en este campo, y en 1860 fue honrado como miembro de la Real Academia de la Historia. Más allá de sus méritos académicos, Jiménez de la Llave destacó como anticuario y atesoró una colección de piezas únicas en su hogar. Fue el empeño personal de Jiménez de la Llave lo que facilitó el traslado de los azulejos de la ermita de San Antón a la Ermita de N.S del Prado, un esfuerzo que finalmente se reveló exitoso.

Los hechos de esta historia se enmarcan en una época en la que los azulejos de la ermita de San Antón se encontraban en peligro debido a su posible venta. El periódico El Tajo, en su edición del 10 de noviembre de 1866, señala: "Venta de azulejos antiguos.- De Talavera nos escriben participándonos que el comprador de la iglesia llamada allí vulgarmente de San Antón, ha vendido a unos vecinos de Madrid los que constituyen su curioso y magnífico revestimiento. Parece que el vendedor, a excitación del Sr. Gobernador de la provincia, había suspendido un trato que con otros sujetos tenía antes pendiente, y luego de la noche a la mañana ha cerrado el de que se trata, sin que nadie se apercibiese de ello. Sabedor el celoso Alcalde de aquella villa de esta venta, había tomado varias medidas para impedir sus efectos, y aunque al acordarlas ya estaban arrancados algunos azulejos, pudo alcanzar de los compradores que se suspenda la operación y que no los saquen del edificio, ínterin recibe instrucciones de la Autoridad superior de la provincia.

Esperamos que ésta, conciliando el legítimo ejercicio de la propiedad con el respeto que merecen las reliquias arqueológicas, artísticas y monumentales de la nación y el destino que está resuelto se las dé por diferentes Reales órdenes, determinará lo conveniente para que los preciosos azulejos de San Antón no salgan de Talavera de la Reina. El dominio privado en este punto no es completamente libre, pues se halla limitado por las leyes patrias, e interesa hacerlo entender así, principalmente en dicha villa, donde especuladores forasteros tienen de algún tiempo a esta parte fija la vista y la intención más de lo que conviene".

Un artículo posterior en El Tajo, fechado el 20 de noviembre de 1866, advertía a los talaveranos sobre la posible venta de objetos antiguos y cerámica de la región: "Ojo al Cristo, que es de plata.- En el Diario de Avisos de Madrid se anuncia la venta de objetos de antigüedad, como cacharros de Talavera, etc. Lo participamos a los talaveranos, para que sepan lo que venden y a quién. Los extranjeros han dado ahora en la manía de dedicarse a la cerámica, y convendría que los españoles no fuéramos bobos y no nos dejáramos arrebatar por cuatro cuartos lo que en este género poseamos de algún mérito".

El compromiso de Jiménez de la Llave fue crucial. Un artículo publicado en El Tajo el 13 de enero de 1867 señala que la Real Academia de San Fernando aprobó el dictamen de la Comisión de Monumentos históricos y artísticos de la provincia sobre la nulidad de la venta de los azulejos de la ermita de San Antón en Talavera de la Reina. La publicación agrega: "Nuestros lectores ya tienen conocimiento de la loable solicitud del Sr. La Llave para evitar que dichos objetos salgan del punto en que se hallan. Ahora falta y esperamos que el Gobierno de S.M. acuerde una resolución que los ponga a cubierto de nuevas tentativas de venta, declarando a la vez la jurisprudencia que debe seguirse en casos análogos".

Jiménez de la Llave propuso que los azulejos de San Antón se trasladaran a la Ermita del Prado, un lugar donde pudieran admirarse adecuadamente. En el Tajo del 27 de enero de 1867, Jiménez de la Llave narra la siguiente crónica: "Ahora que la Real Academia de San Fernando ha emitido su respetable dictamen, conforme con el de la Comisión provincial de Monumentos, para que se anule la venta de las pinturas en azulejos que hoy existen en la ermita de San Antonio Abad de esta villa, es ya de esperar que su Cuerpo municipal, por medio del Ilustrísimo Sr. Gobernador civil, a cuya actividad se debe la salvación de esta curiosa aunque mutilada página de la historia del arte en Talavera en el año 1571, solicite el permiso para trasladarla, con el posible cuidado, al magnífico santuario de Nuestra Señora y Patrona la Virgen del Prado, donde, con mayor hermosura del templo, puede hallarse expuesta a la admiración de los conocedores".

El texto menciona el santuario de Nuestra Señora del Prado, haciendo alusión a lo que en aquella época era conocido como la Ermita del Prado. En el siglo XVI, Felipe

II la distinguió como la reina de las ermitas. No fue sino hasta 1989 que adquirió la denominación de Basílica Menor, cuando el Papa Juan Pablo II emitió una Bula para elevar oficialmente su estatus a tal condición.

Continuando con nuestro relato, el Ayuntamiento de Talavera intervino para asegurar que los valiosos azulejos no salieran de la ciudad, adquiriéndolos por la misma cantidad que tenía acordada el vendedor. El Tajo del 10 de marzo de 1867 publica: "El ilustre Ayuntamiento de esta villa, interpretando los deseos de su vecindario, tiene acordado pedir que se le permita conservar estos notables restos de su industria cerámica del siglo XVI, en el magnífico santuario de Ntra. Sra. y Patrona la Virgen del Prado, satisfaciendo la cantidad por que habían sido enajenados; y pues se dice que trata de interesar a favor de su legítima pretensión al Ilmo. Sr. Gobernador de la provincia, es indudable que se le otorgará cumplido la digna autoridad a cuyo celo se debe principalmente el que tales pinturas no estén ya fuera del país en que se hicieron".

Según nos recuerda Ángel Ballesteros, el 28 de agosto de 1867 el Ayuntamiento se puso en contacto con el propietario de la Ermita de San Antón, Trifón Monge. Llegaron a un acuerdo de venta por cantidad de 4.000 reales y el 18 de noviembre de ese año ya estaba depositado en la Ermita de la Virgen del Prado toda la cerámica de San Antón, que ya contaban con una antigüedad de 296 años.

Los azulejos se arrancaron de los muros de la ermita de San Antón lo mejor que se pudo y se trasladaron a la Ermita del Prado en el interior de cajas de madera rellenas de paja.

En el año 1891, habiendo estado los azulejos 24 años almacenados en sus cajas, Jiménez de la Llave, con 68 años de edad, veía que los azulejos continuaban sin ser colocados e insistía al ayuntamiento sobre la necesidad de su colocación final.

Con el valioso aporte de la publicación de Ildefonso Fernández, podemos confirmar que solo unos pocos años después, se procedió a la instalación de algunos de estos azulejos en el interior de la Ermita. Aunque esto nos desvíe momentáneamente del enfoque en los azulejos colocados en el exterior, en el pórtico de entrada, es relevante relatar esta parte del documento de Ildefonso Fernández del año 1897. Cita textualmente: "Dentro del crucero, el Ayuntamiento ha mandado colocar, hace pocos años, con muy buen acuerdo, los preciosos azulejos de alfar procedentes de la antigua y desaparecida ermita-hospital de San Antón y de la parroquia de San Clemente, revistiendo también con ellos un hermoso púlpito. Y dentro de ese mismo crucero existen algunos antiguos altares colaterales, que creemos vinieron de las antiquísimas parroquias de San Clemente y de San Martín".

La forma en que se dispusieron originalmente los azulejos en el retablo parece haber sido motivo de controversia. En la actualidad, diversos estudios realizados por universidades españolas han resaltado que el retablo en la actual Basílica de N.S. del Prado es una amalgama de, al menos, dos retablos, uno de los cuales proviene de la iglesia de San Antón. Estos análisis evidencian claros errores de montaje en el retablo.

La instalación de esos azulejos fue supervisada por Luis

Jiménez de la Llave, quien parece haber estado presente a diario, dando instrucciones sobre la disposición de los azulejos. Es posible que, como sugieren los textos anteriores, algunos azulejos hubieran desaparecido o quedado dañados durante su extracción. Por lo tanto, se presume que Jiménez de la Llave llevó a cabo el montaje del retablo procedente de San Antón, sustituyendo las partes dañadas con azulejos procedentes de otros retablos, que se encontraban en mejor estado.

Del conjunto de 16.000 azulejos procedentes de la ermita de San Antón, se colocaron todos, excepto unos 1.700 que deberían haber sido colocados en el pórtico de entrada de la Ermita del Prado, para lo cual habrá que esperar hasta el año 1926, como veremos más adelante.

En 1905, Luis Jiménez de la Llave falleció sin ver su deseo de preservar estos tesoros artísticos completamente cumplido. Su contribución a la conservación del patrimonio cerámico de Talavera de la Reina perdura como un legado invaluable.

Capítulo 4.

LA COLOCACIÓN DE LOS AZULEJOS.

Arroyo, Ruiz de Luna y el doctor Henche.

Ya hemos visto que los azulejos ubicados en el interior de la Ermita de N.S. del Prado fueron dispuestos bajo la dirección de Jiménez de la Llave, lo que debió ser una gran satisfacción personal. Pero aún quedaba pendiente la labor de instalar los azulejos en el exterior, en el pórtico de entrada, tal como dice la pista que nos dejó el doctor Henche.

El pórtico se encuentra en la fachada oeste, que corresponde a la entrada principal del templo. Este pórtico se sostiene con elegancia gracias a siete columnas, y sobre él se alza majestuoso el campanario, cuyas campanas llaman a los fieles a la oración.

Los azulejos restantes, aún sin instalar y procedentes de la ermita de San Antón, se mantenían resguardados en cajones de madera, cuidadosamente guardados en la sacristía y protegidos con capas de paja en su interior. Entre estas piezas, se revelaban escenas que narraban la vida de San Antonio Abad, los momentos de la Pasión, la emotiva Adoración de los Reyes Magos, la genealogía de la Virgen y Nacimiento de Cristo, así como la representación del Paraíso. Además, se incluían imágenes que ilustraban el Bautismo de Cristo junto a San Juan, el Juicio Final, Epifanía y Las Tentaciones de Cristo. También se incluían figuras veneradas como San Mateo, San José, San Pablo Apóstol y San Vicente Ferrer, y se destacaban episodios religiosos como el Descendimiento, la Piedad y la Resurrección, así como la representación simbólica de Adán y Eva.

La situación permaneció invariable hasta que el diario El Castellano del 14 de julio de 1926 publicó la siguiente noticia: "Para la ermita del Prado. Se está procediendo activamente a la colocación de los azulejos que existían abandonados en la ermita del Prado. Existen algunos cuadros muy artísticos, que serán después repartidos en diferentes puntos del templo". No obstante, en realidad, no se estaba realizando la colocación de los azulejos propiamente dicha. En su lugar, las cajas que guardaban los azulejos fueron abiertas y las piezas se dispusieron en el suelo con el fin de analizar su composición y diseño.

Para la ermita del Prado

Se está procediendo activamente a la colocación de los azulejos que existían abandonados en la ermita del Prado.

Existen algunos cuadros muy artísticos, que serán después repartidos en diferentes puntos del templo.

El Castellano, 14 de julio de 1926.

Continúa informando El Castellano en su edición del 20 de agosto de 1926, donde el periodista toledano E. Prada Notario relata su experiencia y sorpresa durante su visita a la Ermita del Prado, coincidiendo con el albañil que está tratando de componer los azulejos procedentes de la iglesia de San Antón, que parece ser los tiene esparcidos por el suelo tratando de casarlos. Titula "Por tierras toledanas. Un día en Talavera" y denuncia la falta de habilidad y experiencia del trabajador contratado por el ayuntamiento para manipular un tesoro único. El autor expresa su preocupación acerca del posible daño irreparable que este individuo podría ocasionar a los azulejos.

Un día en Talavera

El Castellano, 20 de agosto de 1926.

La transcripción del texto es la siguiente: "Con profundo dolor, por tratarse de un pueblo toledano en sus tradiciones y en su sangre, he de llamar la atención a su Ayuntamiento y con esto al pueblo todo, por el abandono y desconocimiento en que han vivido y aún viven, cerca de uno de los tesoros artísticos que posee y que abandonado, arrinconado y destrozándose, dentro de unos cajones, ha estado durante más de cuarenta años. Hoy lo está reconstruyendo una persona humilde, pero que en su alma, tosca y ruda de albañil, vive el sentimiento sublime del arte, que le hace elevarse ante el visitante de la Ermita de Nuestra Señora del Prado, a la altura que el resto del pueblo ignorado de esto le merece. Mi corta estancia en Talavera la dividí en dos tiempos: uno, lo dediqué a solventar mis asuntos y el otro a recrear mi espíritu en la contemplación de cuanto digno de visitar hay en dicha ciudad. Allá, al fondo del parque de Nuestra Señora del Prado, se levanta la ermita que guarda la imagen del mismo nombre y que es patrona excelsa de los talaveranos, que la veneran con respeto y verdadera unción. Ante su imagen, oré unos momentos. La paz del templo solo era interrumpida por el siseo de unas devotas al ir pasando las cuentas del santo rosario, y por el ir y venir de Cecilio González, que así se llama el que está reconstruyendo la obra que hace cuatro siglos se hiciera y más de medio que la destruyera la ignorancia. La iglesia de San Antón, verdadero museo, hubo de ser destruida merced a la innata desidia de los pueblos hacia lo que tiene un valor artístico e histórico. El retablo de aquella, compuesto de cerámica talaverana del siglo XVI representa toda la Pasión y Muerte de Nuestro Señor. Más de cinco mil azulejos, que son otras tantas partes constituyentes de diversas obras artísticas, fueron abandonados en cajones, que rodando de uno a otro sitio sin aprecio alguno, anduvieron durante más de cincuenta años. Estas obras, representan, entre otras varias, un escudo de España del año 1574, reconstruido totalmente; la genealogía de Jesucristo, casi completa; las tentaciones de Nuestro Señor; presentación de Nuestro Señor a los Apóstoles; un cuadro que representa a San Antón patrocinando a los animales, y otras diversas que no podrán reconstruirse, ni aun restaurándolas. Todo este tesoro artístico que se halla esparcido por el pavimento de la ermita de Nuestra Señora del Prado, es ignorado casi en absoluto del pueblo de Talavera, y lo triste es, que hasta personas cultas preguntan, de una manera desdeñosa, si aquellos *"cascotes"* tienen algún valor. Al parecer en la *"Gaceta"* el decreto-ley relativo a la defensa del tesoro artístico nacional, yo me adelanto a denunciar este de Talavera al director general de Bellas Artes, al mismo tiempo que pido al Ayuntamiento de dicho pueblo y muy especialmente al señor Arroyo, concejal delegado que por su cualidad de ceramista reconocerá su mérito, para que en nombre del pueblo recompense de una manera positiva al humilde Cecilio González, que dejó rudas faenas de la huerta, impulsado por su gran celo artístico y que está realizando la obra de reivindicación del prestigio de la cerámica talaverana, que colocará la Ermita de su excelsa patrona en el catálogo de los monumentos nacionales de nuestra patria".

El concejal-ceramista mencionado en el texto es Francisco Arroyo Santamaría (1885-1952). Este famoso ceramista llegó a Talavera en 1908 entrando a trabajar en el alfar de N.S. del Prado, cuyos titulares eran Ruiz de Luna, Guijo y Compañía. Se casó con una de las hijas de Ruiz de Luna, estableciendo así un fuerte vínculo con la empresa. Es ampliamente reconocido como uno de los ceramistas más destacados de Talavera en el siglo XX y un influyente maestro, incluso algunos lo consideran como el artista que creó el distintivo estilo de Ruiz de Luna. Entre sus obras notables se encuentra la portada del museo Ruiz de Luna (1914) y la fuente de las ranas (1926), entre muchas otras. Además, durante el mandato de Justiniano López Brea (1926-1930), Arroyo fue concejal del Ayuntamiento de Talavera, lo que indica que en 1926 ya era un artista reconocido y una figura recién llegada al ayuntamiento.

La crónica de E. Prada genera una respuesta inmediata y en total desacuerdo por parte del mayor exponente de la cerámica talaverana, Juan Ruiz de Luna. En su respuesta, Ruiz de Luna confirma que el retablo se colocó hace 40 años y también proporciona información sobre la verdadera identidad del albañil, revelando quién es Cecilio González. El diario El Castellano del 24 de agosto de 1926 titula "Comunicado. Comentarios a un artículo".

Comunicado

**Comentarios
a un artículo**

Señor director de EL CASTE-
LLANO. '

Toledo.

Muy señor mío y distinguido amigo: Con el fin de esclarecer la verdad, ruego a usted tenga la bondad de publicar en el diario de su digna dirección las adjuntas cuartillas.

En espera de ser complacido, le anticipa gracias y queda suyo afectísimo s. s.,

q. b. s. m.,

JUAN RUIZ DE LUNA

Talavera, 22 de Agosto 1926.

El Castellano, 24 de agosto de 1926.

La transcripción es la siguiente: "Es el caso, señor director, que en el número de su diario correspondiente al día 20 del actual, y con el título de "*Un día en Talavera*", publica don E. Prada Notario unas impresiones de su visita a este pueblo, las que, a juicio mío, en nada favorecen a la verdad. Todos los azulejos, colocados y sin colocar, que en la actualidad se encuentran en la Ermita del Prado, a excepción de los zócalos de las dos naves y el de la sacristía, son procedentes de iglesias que hoy no existen. Ya nos habla el señor Prada de un retablo que estuvo en la desaparecida iglesia de San Antón; lo que no dice es que este retablo se colocó en el lugar que hoy ocupa hace más de cuarenta años, lo cual demuestra que ya por aquel tiempo no eran tantos el desconocimiento e incultura de los talaveranos… Y… para qué seguir, si el señor Prada nos lo aclara todo. Dice que ha visto un retablo (refiriéndose al de San Antón), que representa toda la Pasión y Muerte de Nuestro Señor; y dice también que más de cinco mil azulejos fueron "*abandonados*" en cajones. Estos azulejos, guardados bajo llave desde que se colocaron los del gran lienzo ya mencionado, han sido exageradamente respetados por todas las Corporaciones municipales y por todos los mayordomos de la ermita; y digo exageradamente respetados, por no haber querido ninguna de estas entidades que fueran examinados, por temor a incurrir en responsabilidad… Temor pueril, pero que demuestra bien a las claras una estimación muy distante de ignorancia y desprecio de lo que el señor Prada llama "*tesoro artístico*". Yo creo, señor director, que nunca pudo ser menos oportuno un comentario y una denuncia al director general de Bellas Artes, que los de este señor Prada pretendiendo haber descubierto un "*tesoro artístico, abandonado*" por un pueblo que, según él, "*hasta las personas cultas preguntan de una manera desdeñosa, si aquellos "cascotes" tienen algún valor*". Esto pudo ocurrir en los tiempos que, ni en Talavera, ni en ninguna parte se daba importancia a la cerámica, hierros, tallas, ni a nada; pero hoy se han puesto las cosas de tal modo, que a todo se le supone un valor superior, en la mayoría de los casos, al que realmente tienen. Es más; hoy son muchos los buenos y desinteresados amadores de nuestras tradiciones que, bien documentados, vigilan todo movimiento relacionado con el Arte. Claro está que a éstos no hay que temerlos; no así a los que, como en el caso presente, sabiendo que hablar de arte es de personas distinguidas, lanzan a los cuatro vientos los productos de su portentosa imaginación: estos son los peligrosos. Perdone el señor Prada si insisto en motejar de inoportunos sus comentarios, porque el mismo que le informó de la procedencia de estos azulejos y otros detalles, le diría también que la actual corporación municipal había tomado el acuerdo de sacar de las cajas estos azulejos para ver si encontraba alguna composición completa que pudiera colocarse en la Ermita; y lo que estuviera incompleto, guardarlo nuevamente en las cajas hasta que, circunstancias favorables hicieran factible y viable su restauración. Nada quiero decir de las alabanzas del señor Prada al modesto albañil y sacristán de la Ermita de la Virgen, Cecilio González, que, por mandato del Ayuntamiento, está encargado de la operación mecánica de casar estos azulejos; alabanzas que nada favorecen a este humilde obrero, ya que sólo están hechas para que sirvan de contraste con la incultura del pueblo de Talavera; claro está, que en algo había de apoyar su artículo el tal repetido señor Prada".

En su respuesta, Ruiz de Luna revela que el albañil en cuestión, Cecilio González, es en realidad el sacristán de la Ermita del Prado. También confirma que los valiosos azulejos de la antigua ermita de San Antón, un auténtico tesoro artístico, están siendo manipulados por alguien que carece de conocimientos en cerámica artística. Estas son las razones por las que el periodista E. Prada Notario contesta a Ruiz de Luna en El Castellano del 27 de agosto de 1926. Titula: *"De la vida talaverana. Comentarios a una carta"*.

De la vida talaverana

Comenta- rios a una carta

Con el fin de esclarecer la verdad, que según don Juan Ruiz de Luna no se ha reflejado bien en mi artículo «Un día en Talavera», dirige una carta acompañada de unas cuartillas, a nuestro director, que con la bondad característica en él, ha acogido con toda benevolencia. ꞌ

El Castellano, 27 de agosto de 1926.

Esta es la transcripción de la carta: "Con el fin de esclarecer la verdad, que según don Juan Ruiz de Luna no se ha reflejado bien en mi artículo *Un día en Talavera*", dirige una carta acompañada de unas cuartillas, a nuestro director, que con la bondad característica en él, ha acogido con toda benevolencia. Quiero comenzar otorgando al señor Ruiz lo que en las postrimerías de sus alegaciones me pide: el perdón. Por el contrario de molestarme, agradezco infinito venga con sus observaciones a reforzar la esencia de mi artículo, demostrando la indiferencia y la apatía con que la ciudad de Talavera ha tratado una obra que, a juzgar por sus años, encierra por sí misma un gran valor. Afirma, como yo, que durante más de cuarenta años, con la salvedad de que estuvieron guardados bajo llave, esos cinco mil azulejos de que hablaba en mi artículo, han estado ocultos. Lo que no me explico, ni quizá el pueblo, ni la lógica puede explicarse, es, que tras un tan exagerado respeto por Corporaciones y mayordomos, a no examinarlos por temor a contraer responsabilidades, se encuentren hoy la inmensa mayoría rotos, y muchos desaparecidos, en cuanto que el encargado de "*casarlos*" no los encuentra por ninguna parte. Sin duda, partidarios del divorcio, marcharon a buscar mejor acomodo. Lejos, muy lejos, estuvo mi ánimo de descubrir lo que efectivamente yo llamo "*tesoro artístico*"- no sé como lo llamará mi respetable interpelante ilustre ceramista de esa ciudad- sino que mi cariño por cuanto a Toledo y su provincia- que es la mía- se refiere, me hizo escribir y comentar sobre el particular ya descrito, y que sinceramente yo entiendo encierra un gran valor, al menos histórico. Si, como dice, lo tienen en gran estima, hasta el extremo de causar ese temor pueril de que nos habla, yo, efectivamente, me he excedido en las alabanzas a Cecilio González, el cual ---dice--- no sale muy bien parado de ellas, pero ¿y la Corporación y el pueblo que, según se expresa, consideran en todo su valor el "*tesoro*" y lo entrega como lo refleja en su escrito, a manos inexpertas, para que de una manera mecánica vaya "*casándolos*". Con bastantes más títulos que yo en estas lides, -que no poseo ninguno a no ser el de mi profesión- y que los suplo con mi buena fe y voluntad, sabe el señor Ruiz, que la desidia y abandono ha existido en este asunto que encierra un positivo mérito. Aún hoy mismo, y así lo declara, la labor que se está haciendo es completamente secundaria, merced quizá a ese criterio de que existen otras cosas más urgentes que resolver. Dicho sea de paso, la importancia comercial y riqueza de Talavera, requiere un mayor mejoramiento urbano, obra a realizar por su ilustre Ayuntamiento. Pero no olvidemos que tan interesante para el buen nombre de Talavera es el alcantarillado -ya comenzadas las obras- el arreglo de su pavimentación y limpieza de sus calles, etc., como este otro de la conservación de todo aquello que por un carácter u otro, tiene y representa valor artístico o histórico. La perspectiva es, que se volverán a encerrar *"con llave"* hasta hallar mejor fortuna. ¿Y para qué más? Si posible fuera preguntar al pueblo talaverano, diría en su inmensa mayoría, que desconocía, no precisamente los azulejos, pero sí que ellos puedan tener un valor, y aun cuando no haya conseguido más que interesarle, máxime con su intervención, ya es más que suficiente a mis rectos fines. Si en el mundo distinguido me introdujo mi *"portentosa imaginación"*, débolo todo, a ese *"temor pueril"* de aquellos que, documentados en el arte, dejan que los que no lo están infundan el temor en ellos y escalen los puestos que ellos con tan legítimos títulos debieran ocupar. Y ahora, en justa correspondencia, perdóneme el señor Ruiz haga un descargo en favor de Cecilio González. Este humilde obrero, a quien se le ha encomendado la labor mecánica de *"casar"* los azulejos, lleva en sí ese maravilloso y fecundo connatural a los talaveranos, espíritu de artista, y no ya por lo que su labor significa, sino porque como muy bien sabe, ha dado al mundo un hijo, que hoy cuenta catorce años escasos, y a sus once, no cumplidos, modeló de manera maestra la imagen de Nuestra Señora del Prado, unos bustos de sus hermanitos, varias imágenes de San Antonio y Crucificados, y recientemente, si no recuerdo mal, el de un nieto del preclaro artista a quien tengo el honor de dirigirme. Esta inspiración, que de manera tan prodigiosa brota de un adolescente, es fruto de la savia de su progenitor. Estas obras pueden examinarse, y el señor Ruiz las conoce, como creo no ignore se pretende, por persona interesada, se le subvencione por el Ayuntamiento para que pueda educar y encauzar esas manifestaciones artísticas, que si hoy no son sino simples cualidades, mañana pudieran ser portentosas obras de un ilustre artista que tuvo por cuna la de tantos otros célebres nombres que avaloran esa noble ciudad con su imborrable prestigio en las páginas de nuestra historia. De esto último tendré ocasión de hablar en otro momento. Y termino nuevamente, pidiendo que, si realmente esos, azulejos, al igual que el gran lienzo que representa la Pasión y Muerte de Nuestro Señor, tienen por su época el mismo valor artístico o histórico, no puede prevalecer la idea de volverlos a encerrar, aunque hoy se usen las llaves inglesas".

Esta situación suscitó un gran interés en Talavera y generó una serie de comentarios variados acerca de la controversia. En situaciones como esta, suele ser común que la gente sugiera que se delegue la responsabilidad del asunto en alguien con conocimientos y experiencia reales en la materia. La última crónica editada en El Castellano sobre este asunto es del 1 de septiembre de 1926, firmada por Casimiro Muñoz. Titula: "Croniquilla local. Intromisión".

Croniquilla local

Intromisión

El asunto que pudiéramos llamar «de los azulejos» y que ha dado lugar a los escritos del señor Prada Notario y del laureado maestro Ruiz de Luna, me lleva a entrometerme en la cuestión de modo que quisiera fuese «fuera de concurso»; esto es, sin que sea terciar en la polémica.

El Castellano, 1 de septiembre de1926.

La transcripción es como sigue: "El asunto que pudiéramos llamar *de los azulejos*" y que ha dado lugar a los escritos del señor Prada Notario y del laureado maestro Ruiz de Luna, me lleva a entrometerme en la cuestión de modo que quisiera fuese *"fuera de concurso"*; esto es, sin que sea terciar en la polémica. Es un tema talaveranísimo, por excelencia, y no le puedo negar unas líneas, aunque ya digo, que sin pretensiones. La consecuencia por mí deducida de la cuestión planteada, es la de que hay un punible abandono de carácter artístico y cultural en esta Talavera donde tantos y tantos valores hay que, aprovechados y encauzados debidamente, nuestra ciudad fuese lo que debe ser, lo que tiene derecho a ser. Madre de la cerámica de renombre talaverano, poco o nada se sabe, ni se entiende, de tal arte en Talavera, fuera de los cuatro afectados directa y exclusivamente por la fabricación de nuestra cerámica. Contamos aún, con quien le da una importancia relativa, lo relativa que merecen los cacharros de alfarería más o menos ordinaria. Es proverbial la ignorancia local en la materia. Como proverbial es el que, ni en las escuelas, tuvieron nunca ambiente las enseñanzas y conocimientos necesarios para que aquí mismo se sintiera y conociera el valor, la importancia, el talaveranismo que supone la industria, aunque no sea nada más que como tal, de la cerámica talaverana. De arte, visto como arte, no nos debemos ocupar. A eso se debe, sin duda, el que en Talavera hayan ido al cascote y a servir de firme en los suelos y avenidas, azulejos y aun obras completas que serían un tesoro artístico de los muchos aquí producidos cuando el apogeo y gloria de la cerámica local. Y a eso también habrá que achacar el sin frío ni calor con que altos y bajos, cultos e ignorantes, miramos en Talavera estas cosas de arte, de incalculable valor industrial, social y … talaverano. Ahora que parece ser que Talavera da señales de vida, despertando a un progreso visible, son muy útiles y convenientes polémicas y digresiones encaminadas a sacudir la modorra en que hasta ahora vivimos y que pudieran hacernos despertar. Desde luego, es saludable y plausible, el que, como sucede ahora, en construcciones locales y en obras de urbanización municipal sean empleados adornos y materiales de nuestra artística industria. Por algo se ha de empezar. Vengan a nuestra ciudad, señores Pradas y señores que vean, admiren y se interesen en estas cosas de arte, que expoleen y remuevan cuanto aquí yace inerte, inexplorado. Talavera hoy es eso: una joya en bruto, una cantera; mina con un rico filón, un tesoro sin explorar".

Debido a la polémica creada, el Ayuntamiento decidió convocar un concurso para llevar a cabo las obras para colocar los azulejos restantes de la iglesia de San Antón en el pórtico de entrada de la ermita del Prado. El diario El Castellano del 28 de octubre de 1926 publica en la crónica de la "Vida Municipal" el siguiente acuerdo: "También propone el señor Brea la colocación de los azulejos que han sido recompuestos en la ermita de la Virgen del Prado, y el señor Moro, a propósito de ello, opina que debe sacarse a concurso la fabricación de los de repetición, que son precisos para tal colocación. El señor Villarroel opina que no debe hacerse ahora esta obra, por su coste elevado, y porque hay otras de más urgencia y necesidad; y con este voto en contra, son aprobadas las propuestas de los señores alcalde y Moro".

También propone el señor Brea la colocación de los azulejos que han sido recompuestos en la ermita de la Virgen del Prado, y el señor Moro, a propósito de ello, opina que debe sacarse a concurso la fabricación de los de repetición, que son precisos para tal colocación.

El señor Villarroel opina que no debe hacerse ahora esta obra, por su coste elevado, y porque hay otras de más urgencia y necesidad; y con este voto en contra, son aprobadas las propuestas de los señores alcalde y Moro.

El Castellano, 28 de octubre de 1926.

Es comprensible que, al retirar los azulejos de las paredes de la ermita de San Antón, algunos de ellos tuvieran que ser sacrificados para preservar en buen estado las escenas y cuadros principales. En su mayoría, estos azulejos sacrificados eran los de repetición, es decir, aquellos que seguían un mismo patrón y se colocaban entre las separaciones de las escenas. Es probable que las cajas de madera contuvieran varios azulejos con este diseño repetitivo. La propuesta de licitación del ayuntamiento debió incluir la creación de moldes y calcos que reprodujeran fielmente los azulejos de repetición originales, preservando la tonalidad de los colores. Además de la reproducción, se requería la colocación de todos los azulejos, tanto los antiguos como los nuevos. Esto implicaba contar con especialistas altamente cualificados, lo cual fue factible en aquel año 1926, ya que la ciudad disponía de expertos de primer nivel en ese momento.

Nuevamente, el diario El Castellano continúa informando sobre los avances logrados y el 23 de diciembre de 1926 publica el acuerdo del Ayuntamiento de Talavera de la Reina que adjudica los trabajos al doctor Henche y a Ruiz de Luna: "Se da cuenta de las dos únicas instancias que se han presentado para la fabricación de azulejos de repetición, con destino a la ermita de la Virgen del Prado; están suscritas una por el señor Henche, que ofrece los azulejos al precio de 35 pesetas metro cuadrado, y otra por el señor Ruiz de Luna, que lo ofrece al mismo precio. La permanente, en vista de la identidad de ofrecimiento, adjudica la mitad de la obra a cada uno de los dos concursantes, ateniéndose éstos en un todo al pliego de condiciones".

Se da cuenta de las dos únicas instancias que se han presentado para la fabricación de azulejos de repetición, con destino a la ermita de la Virgen del Prado; están sucritas una por el señor Henche, que ofrece los azulejos al precio de 35 pesetas metro cuadrado, y otra por el señor Ruiz de Luna, que lo ofrece al mismo precio.

La permanente, en vista de la identidad de ofrecimiento,

adjudica la mitad de la obra a cada uno de los dos concursantes, ateniéndose éstos en un todo al pliego de condiciones.

El Castellano, 23 de diciembre de 1926.

En mi opinión, se llegó a un acuerdo de colaboración entre los ceramistas Ruiz de Luna y Henche, bajo la dirección técnica del concejal Arroyo, posiblemente para evitar los errores cometidos en el montaje del retablo y para brindar una solución integral a la tormenta de críticas que se estaba manifestando públicamente en la sociedad talaverana. La dirección técnica conjunta de estos tres ceramistas, respaldados por los mejores artistas de la época contratados por Ruiz de Luna y por el doctor Henche, otorgaba un sello de calidad y excelencia al proyecto. Ruiz de Luna tenía a su disposición un amplio número de artesanos, mientras que Henche contaba solo con la décima parte de ese personal.

Mi padre me contó que el doctor Henche solía ofrecer un salario superior cuando mostraba interés en un artista que trabajaba en Ruiz de Luna, como ocurrió con la contratación de Fernando Broncano, que durante unos años trabajó para Ruiz de Luna y otros para Henche. Broncano era un artista destacado y es posible que también hubiera colaborado en este trabajo.

Ruiz de Luna y el doctor Henche comparten diversas similitudes, como su éxito empresarial, su labor como mecenas y su compromiso con la promoción de los valores talaveranos. Sin embargo, lo que más destaca es su dedicación a la investigación y la minuciosa preparación técnica que precede a sus obras. Ambos comparten una vocación innata por la investigación, lo que, sin duda, les permitió otorgar a los azulejos de repetición un aspecto auténticamente antiguo, logrando que encajaran de manera impecable entre las imágenes del siglo XVI.

Una vez realizado el trabajo conjunto de Ruiz de Luna y del doctor Henche, encontramos la crónica en la Revista de Arte TOLEDO del 1 de septiembre de 1927. El director gerente de la revista, el periodista Santiago Camarasa, publica un artículo titulado "La Reina de las Ermitas" como homenaje a la Ermita del Prado, donde comienza diciendo: "En ermitas no habrá nada más grandioso, nada más importante." Después de varios elogios dice: "Museo espléndido, excepcional, es la ermita talaverana, la que guarda los más hermosos azulejos de su bella cerámica… constituye un tesoro singular, verdaderamente único, sin igual en todo el mundo". Parece ser que ya tenía finalizado su artículo, que incluso concluye y firma, para continuar: "Después de haber escrito este artículo, preparado con alguna anterioridad para que fuera publicado en septiembre, coincidiendo con la fiesta de esta venerada Virgen del Prado, la magnífica ermita talaverana ha aumentado su valor artístico y por tanto su interés para los coleccionistas y admiradores de la cerámica". Realmente, está informando sobre la finalización de los trabajos en el pórtico de entrada.

Continúa el periodista toledano Camarasa con su relato: "La actual Junta directiva de la cofradía o hermandad de la Virgen, con plausible acierto acordó decorar el amplio portal o zaguán de la ermita con azulejos que guardaba, en gran cantidad –valioso tesoro-, compañeros de los magníficos del interior de la ermita. El acuerdo se ha realizado y la entrada a la espléndida ermita talaverana, ha quedado muy digna de su interior. También se han utilizado algunos azulejos para la reparación de varios frisos, complementando la interesante obra realizada por la Junta. También el municipio de Talavera, sabiendo cumplir su deber –que no saben todos- ha completado la obra de la cofradía, arreglando y decorando magníficamente el hermoso paseo que rodea la ermita, llamado también del Prado".

La crónica anterior confirma que la colaboración entre Ruiz de Luna y del doctor Henche fue altamente exitosa y ha sido apreciada desde el año 1927 por el público en general hasta nuestros días.

Con la llegada del siglo XXI, los azulejos se vieron deteriorados, siendo necesaria primero una protección con vinilos y luego una restauración general que se está produciendo durante este año 2023, restaurando así, tanto los azulejos del siglo XVI como los de repetición del siglo XX. Una actuación realizada por especialistas que tratan cada azulejo con sumo cuidado, son capaces de retirar todas las impurezas y devolverlos a su estado original para ser disfrutados de nuevo por los amantes de la cerámica.

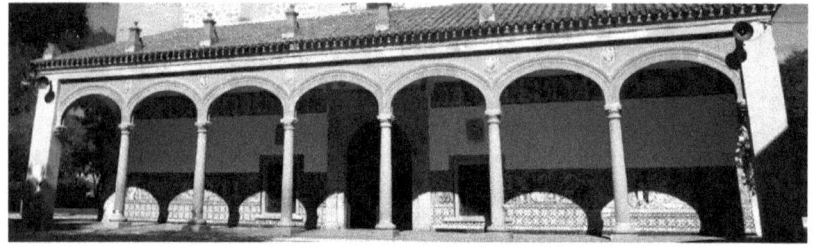

Basílica de N.S. del Prado y su pórtico de entrada.

Y para finalizar esta primera parte de este libro, solo quería mostrar este pequeño fragmento publicado en la Revista PROVINCIA de la Diputación provincial de Toledo, que en el mes de mayo de 1960 recuerda la siguiente anécdota del año 1926: "Salvador Ruiz de Luna, compositor y pianista, empezó desde chiquillo, en funciones de aficionados, escribiendo partituras para allegar recursos para una empresa: la restauración del pórtico de cerámica de la Virgen del Prado. El hijo del ceramista interpretaba con música su sentido del arte".

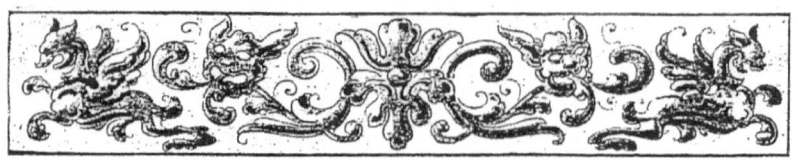

Segunda Parte.

Las sedas.

Capítulo 5.

LA REAL FÁBRICA DE SEDAS.

Ruliere.

Para contar esta historia, también es necesario retroceder varios siglos en el tiempo. Desde la época medieval y los primeros años posteriores al descubrimiento de América, el comercio de tejidos en el ámbito internacional adquirió una relevancia extraordinaria. Las sederías destacaban, ya que la calidad de los tejidos y los diseños plasmados en ellos ofrecían un indicio del nivel de desarrollo del respectivo país productor. Entre los factores que diferenciaban a un centro productor de otro se incluía la maquinaria empleada, la calidad de la morera y los gusanos de seda. De esta manera, los diversos mecanismos y telares eran considerados un secreto de Estado y los reyes de cada país fomentaban la producción de seda, siendo ellos mismos los principales usuarios finales de los productos manufacturados.

En el siglo XV, España contaba con sederías en las ciudades de Toledo y en Valencia. Habitualmente estos tejidos se destinaban tanto a la decoración como a la confección de prendas religiosas o civiles. En cuanto a los diseños, primero fueron los terciopelos y con el tiempo surgieron nuevos motivos decorativos que se tejían en seda, apareciendo también los damascos y aumentando el tamaño de los diseños.

Aunque será en el siglo XVI cuando se creará el diseño más característico de la sedería del momento: un vaso o pequeño jarrón central del que parte un ramillete.

El siglo XVII se caracteriza por los motivos florales y vegetales en la industria textil. En Europa, destacaban artistas franceses como Jean Revel y Philippe de Lasalle, siendo líderes en producción Francia e Italia. En contraste, la sedería española comenzaba un periodo de decadencia.

Durante la primera mitad del siglo XVIII, España estaba bajo el reinado de Felipe V (1700-1746) y posteriormente de Fernando VI (1746-1759). El primero tomó la audaz decisión de revivir la industria sedera, aumentando la producción de los centros productores de la ciudad imperial de Toledo. Este renacimiento llevó a la creación de exquisitos ornamentos litúrgicos, piezas destinadas a adornar las catedrales españolas, así como a abastecer fundaciones religiosas de origen real y para ser exportados. Un papel destacado lo desempeñaron las destacadas familias de tejedores Medrano y Molero, que se especializaron en la elaboración de delicados ornamentos tejidos en una sola pieza.

Cuenta la historia que en los albores del siglo XVIII, Jean Ruliere era un ingeniero industrial francés originario de la ciudad de Lyon, uno de los centros sederos más destacados de Europa. Ruliere poseía un don especial para la creación de maquinaria e inventos innovadores. En esa época, las sederías continuaban siendo consideradas industrias estratégicas para las economías europeas, lo que obligaba a los monarcas a tomar decisiones drásticas. En España, por ejemplo, una ley de 1718 prohibía la importación de tejidos extranjeros, mientras que en Francia se encarcelaba a aquellos que supieran demasiado, cosa que le sucedió a Ruliere. Esto se debía al temor de que pudiera compartir sus ingenios con otras naciones.

Pero Ruliere se escapó de su prisión y encontró refugio en Basilea. Allí estudió las máquinas más avanzadas de hilados y tejidos. Durante su estancia, tuvo la oportunidad de conocer al Ministro de Asuntos Exteriores del Reino de España, José de Carvajal, quien vislumbró la posibilidad de llevar a Ruliere a España.

La información proporcionada por Carvajal a Fernando VI se convirtió en un asunto de gran relevancia. Ruliere aceptó la propuesta, con la condición de traer de Francia a dibujantes, contramaestres y operarios especializados, dado que en España no existían especialistas en esta maquinaria extranjera. Incluso se le permitió elegir la ubicación del nuevo centro de producción de seda, y eligió Talavera de la Reina debido a su ubicación estratégica y sus características particulares.

De esta manera, en el mes de septiembre de 1748 se inauguró la Real Fábrica de sedas de Talavera, con Ruliere como su primer director, acompañado por los más de 600 artesanos que trajo de Francia. Durante su gestión, creó maquinaria para más de cuarenta ramos relacionados con la sedería. Este proyecto generó empleo en toda la comarca, promoviendo el cultivo de miles de moreras y la cría de gusanos, y elevando en calidad de la seda talaverana por encima de todas las demás, tanto españolas como europeas.

La actividad se realizaba en Talavera y en la vecina Cervera. La Real Fábrica estaba formada por varios edificios dispersos en una extensa área dentro de Talavera, siguiendo un modelo similar al Grand Fabrique francés. Cada uno de estos edificios se especializaba en la producción de telas ricas o labradas en seda, o en seda y metal, telas lisas, cintas, medias o galones. En Talavera, se encontraban dos molinos destinados al torcido de la seda, mientras que Cervera disponía de doce molinos para este fin.

La Real Fábrica, como su nombre indica, se dedicaba a la confección de sederías para la Corona. Esto incluía la decoración de todos los Palacios Reales, la elaboración de ornamentos litúrgicos para las capillas y oratorios de los distintos Sitios Reales, así como la creación de vestidos de Reyes, Príncipes e Infantes. Entre los productos destacados se encontraban damascos, tejidos lisos, canalés y gros, terciopelos y tejidos con motivos florales y rameados.

El nivel de perfección alcanzado por estas industrias llegó a tal punto que el ministro Carvajal escribió a Ruliere en 1750: "Llegó el comboy de géneros con grande satisfacción mía, porque todo tiene perfección en su línea, todo de gusto y bien trabajado; los colores brillantes, y con mucha variedad y degradación. No es menos el primor de las medias; cierto que las de 40 es un dolor que se manchen; no he visto cosa mejor… En fin, todo va de maravilla, y el Rey queda muy contento con su vestido, y la otra chupa; las cintas bellas, de hermoso color, y bellas aguas, todo bueno". También escribió: "el Rey se puso el vestido últimamente hecho; para que todo fuese de su fábrica, se puso también medias de ellas; estuvo lleno de gusto, y celebrado que se lo aplaudieran; y en la corte pública lo dicho; que todo era de su nueva fábrica de Talavera".

También escribió en 1752: "Ha tenido un gran gusto, porque Rey y Reina han estado vestidos de esta fábrica,…, y fueron grandes los aplausos; los de la cámara del Rey han dicho, que mejor vestido no se le ha puesto jamás y S.M. está en lo mismo y ha manifestado indecible gusto".

El éxito de Ruliere generó envidia entre los dependientes de sus fábricas, quienes llegaron a acusarlo injustamente de mala administración de caudales del Real Erario. Su objetivo principal era destituirlo, y aprovecharon la llegada de Carlos III para crear un argumento falso que llevará a su encarcelamiento. Ruliere pasó cuatro años en prisión, primero en Toledo y luego en Madrid, y sus bienes fueron confiscados. A pesar de ser puesto en libertad más tarde, ya no estuvo involucrado en la industria sedera. Posteriormente, la Real Fábrica fue gestionada por la compañía Uztáriz (1762-1780), la Secretaría del Despacho de Hacienda (1780-1785) y los Cinco Gremios Mayores de Madrid (1785-1851). En consecuencia, podríamos decir que la Real Fábrica tuvo una existencia de aproximadamente un siglo.

Resulta difícil localizar las piezas elaboradas por la Real Fábrica. En el Palacio Real de El Pardo, se encuentra un encargo del año 1825 para Fernando VII, que consiste en sederías tejidas, una en rojo y otra en azul, paredes vestidas y decoradas con sedas hermosas por el dibujo y colorido típico talaverano. Algunas piezas también se conservan en el almacén del Palacio Real de Madrid, como la colgadura color caña, con flores, figuras blancas y perfiles morados para la pieza de corte de la reina María Luisa de Parma, en el sitio de San Lorenzo, o la colgadura del dormitorio de Isabel II en el Palacio Real de Madrid.

El declive de estas fábricas se debió a la creciente importancia de las fábricas de Valencia. En 1851, la Real Fábrica de Talavera cesó su actividad, dejando sumidas en la miseria a más de dos mil empleados. Unos años después, en 1855, la Desamortización de Madoz llevó a la subasta y venta de los edificios, que posteriormente se reutilizaron para nuevos fines como cuarteles o cárceles.

Como anécdota final, resultó que la última pieza de raso de seda tejida en la Real Fábrica de Talavera formaba parte del vestido que la Reina Isabel II llevaba puesto el 2 de febrero de 1852, el día de la presentación al pueblo de su hija la princesa de Asturias, cuando el cura Martín Merino la apuñaló en el Palacio Real de Madrid mientras se preparaba para asistir a la iglesia de Atocha. A pesar de las heridas, la reina sobrevivió y, como muestra de agradecimiento por su recuperación, regaló el traje a la Virgen de Atocha. Con estos tejidos, se confeccionó un manto precioso para la Virgen.

Capítulo 6.

EL PESAR DE JIMÉNEZ DE LA LLAVE.

El Tajo.

Durante los años 1866 y 1868, vio luz la revista El Tajo, primero en su formato decimal para luego pasar a una edición semanal. Este periódico fue fundado y dirigido por Antonio Martín Gamero (1823-1874), un abogado toledano que se embarcó en la tarea de preservar la memoria histórica de Toledo. En 1865, Martín Gamero fue honrado con el título de Cronista de Toledo, y su prolífica producción literaria incluye obras notables, como su Historia de Toledo, publicada en 1862.

La revista El Tajo desempeñó un papel fundamental al ofrecer una crónica detallada de la ciudad de Toledo, abordando temáticas que incluyen eventos como las ferias y exposiciones, el parte oficial de la Gaceta de Madrid y su incidencia en Toledo, además de explorar una amplia variedad de asuntos políticos, económicos y culturales. Pero su alcance se extendió más allá de la capital toledana, dedicando espacio también a relatar los acontecimientos de la provincia de Toledo. En este sentido, la revista contaba con colaboradores situados en las cabezas de partido de la provincia, y entre ellos, destacó Luis Jiménez de la Llave, quien actuó como corresponsal en Talavera de la Reina. Aprovechando su posición, Jiménez de la Llave utilizó la revista no solo para narrar la historia de Talavera, sino también para criticar la inacción ante el abandono de numerosos aspectos en la ciudad.

Esta última percepción de la situación también fue respaldada por Ildefonso Fernández Sánchez. En su obra "Historia de Talavera de la Reina" publicada en 1896, relató que una vez cerrada la Real Fábrica de Sedas, "quedaron sumidas en la más espantosa miseria a las personas que trabajaban en ella, y en cuya época comenzó el periodo de ruina y pobreza de que todavía Talavera y su partido no han logrado reponerse".

Jiménez de la Llave se siente apesadumbrado por la situación en la que se encuentran los edificios y maquinarias de la Real Fábrica solo quince años después de su cierre. Lo narra de la siguiente manera: "...ni tampoco es posible olvidar que aún hace pocos años daban fama universal a Talavera las obras de cerámica, de bella forma e inimitable colorido que salían de sus antiquísimos alfares, ni las de seda y oro de que guardan con infinito aprecio ricas muestras Roma y Toledo, Europa y aun América, hoy precisamente que se están vendiendo como leña y metal viejo las ingeniosas y costosísimas máquinas con que se labraron tantas maravillas".

Continúa con su crónica, siendo testigo de la situación del momento: "... Y ya que he mencionado estas célebres fábricas de seda, cúmpleme también deplorar la situación en que se hallan sus magníficos edificios no vendidos, pertenecientes al Estado, pues por no haberse hecho en ellos el menor reparo ni dádoles una aplicación cualquiera, se están viniendo abajo con pérdida completa de sus excelentes y costosísimos materiales, y lástima y asombro de cuantos propios u extraños los contemplan".

La nueva situación de sus vecinos es trágica. Antes, disfrutaban de buenos jornales en la Real Fábrica, pero debido a su cierre, se han visto obligados a trabajar en el campo, sufriendo una merma importante en las rentas que solían obtener. Jiménez de la Llave lo describe así: "Ya tampoco se siente aquel acompasado golpeo de sus afamados telares y otros ponderosos ingenios, con que miles de personas ganaban holgadamente su sustento en soberbios edificios costeados por la munificencia de un monarca digno de renombre, y hoy condenados al silencio y próximos a hundirse".

Según hemos visto, Jiménez de la Llave e Ildefonso Fernández fueron unos adelantados a la corriente renacentista que surgirá en Talavera unos años después.

Jiménez de la Llave destacó la dureza de vivir de la agricultura. Es un trabajo muy duro y dependen en gran medida de las condiciones climáticas. Se dieron situaciones difíciles, como una terrible plaga de langostas y graves inundaciones, lo que resultó en la pérdida de la producción agrícola, situación que coincidió en época de carnavales: "Esta población ha estado convertida en una isla, amenazada de todos lados por arroyos que a causa de tener sus cauces obstruidos no pueden desaguar en el río, al que apenas bastan, por igual motivo, los treinta y siete ojos de su inmenso puente, siendo consecuencia indispensable que se derramen por las heredades causando daños de infinita consideración...

Resultado forzoso, que las comparsas de máscaras y mascarones que en los primeros días recorrieron las calles, fueron en breve reemplazadas por cuadrillas de famélicos braceros a quienes el Iltre. Municipio de Talavera tuvo que proporcionar socorro, emprendiendo obras de utilidad reconocida,…, pues en todas han estado en suspenso las labores agrícolas…"

En 1867, la situación era tan grave que El Tajo publicó: "Nuestro corresponsal de Ocaña nos dice: … Nada más de notable ocurre por hoy. El tiempo está crudísimo y las enfermedades y la miseria van en creciente. No se puede saber qué sucederá, si el Señor no se apiada de nosotros".

Jiménez de la Llave señala que los robos han aumentado significativamente, y los propios vecinos han tenido que contratar serenos para proteger sus propiedades: "… asalta a muchos el temor de aquel fraile que viendo que unos bandidos consumían en un temporal deshecho las provisiones del convento, díjoles: *Hermanos, si esto no varía, dentro de poco tiempo, o todos monjes o todos ladrones*". Y en verdad que no ha faltado quien tome la cosa por lo serio, pues se han aumentado en ciertos barrios, a costa de los vecinos, los serenos, porque parece que se iban haciendo visitas domiciliarias que la ley no consiente".

En el año 1868 una grave sequía afectó a la región. El pueblo decidió llevar en procesión a la Virgen del Prado buscando su intervención divina para obtener las tan anheladas lluvias: "El calor y los vientos han perjudicado mucho a los sembrados, y si tardan las lluvias están en peligro inminente de perderse. Para alcanzarlas se sacó ayer en procesión de su grandiosa ermita, la antiquísima y venerada imagen de nuestra excelsa tutelar la Virgen del Prado, a cuyo religioso acto acudió como siempre todo el pueblo".

Y las plegarias fueron atendidas: "Un repique general de campanas anunció ayer al pueblo talabricense que su excelsa tutelar la Virgen del Prado volvía a ser colocada en su trono, del que se la bajó durante las rogativas que para implorar del Supremo Hacedor la bienhechora lluvia han tenido efecto, habiéndosela tributado hoy una solemne función en acto de gracias por el socorro que, merced a su poderosa intercesión, han recibido nuestros campos".

Jiménez de la Llave continúa su denuncia, señalando que en los edificios de la Real Fábrica ahora se encuentra una cárcel que ofrece condiciones insalubres: "hay una cárcel y cuarteles en aquellas ruinas de famosísimas y abandonadas fábricas de seda. En la mezquina cárcel de esta villa y su partido de la que otras veces me he ocupado, calificándola por sus circunstancias locales de insegura, insalubre e inmoral, existen en el día 118 presos de ambos sexos, hacinados en ahogadas y húmedas mazmorras, no como seres racionales, de los cuales algunos tras largo tiempo de hórrido tormento suelen ser declarados inocentes, sino como objetos los más viles y despreciables, pues corresponde a cada uno la exigua extensión de ochenta y cuatro centímetros cuadrados".

Finalmente, resume su desesperación en forma de verso:

Y el mundo , en tanto , sin cesar navega ,
Y aqui se hunden las fábricas de seda.»

En su calidad de miembro de la Real Academia de la Historia, Jiménez de la Llave remitió un informe a la Comisión provincial de monumentos históricos y artísticos. En dicho informe, proporcionó detalles sobre los monumentos de Talavera de la Reina, describiendo su estado actual y proponiendo medidas para prevenir su deterioro. Además, fue destacable su contribución en la promoción y la consecución del monumento al Padre Juan de Mariana, el cual fue financiado a través de una suscripción popular tras varios años de espera.

Como hemos visto, Luis Jiménez de la Llave fue un defensor apasionado de los intereses y el progreso de Talavera de la Reina. Abogó por una amplia gama de cuestiones relacionadas con la economía, la agricultura, la ganadería, los medios de transporte, las infraestructuras, las tradiciones y la preservación de monumentos. Además, desempeñó un papel importante en la crónica histórica talaverana, asegurándose de corregir y respaldar sus afirmaciones con pruebas sólidas cuando era necesario.

Para finalizar este capítulo, me gustaría compartir dos cosas. Una es esta nota humorística que reprodujo El Tajo en 1866:

> Vía férrea de Madrid á Malpartida.—El periódico humorístico de ferro-carriles titulado *El Vapor*, que se publica en la corte, inserta en su primer número un largo servicio eléctrico, que entre algunos despachos de más ó ménos intencion, contiene éste:
> TALAVERA: (*hasta nueva órden.*)
>
> > Tendremos ferro-carril
> > cuando no llueva en Abril.

Y otra es que Jiménez de la Llave recibió la medalla de bronce en la Exposición Universal de París de 1878 por un cuadro de azulejos que representaba las armas de España. Aunque no se especifica la época en que se elaboró el cuadro ni su lugar de producción ni el nombre de su autor, se sabe que Jiménez de la Llave, bajo el seudónimo "Jiménez de Lailar" participó en la exposición como anticuario.

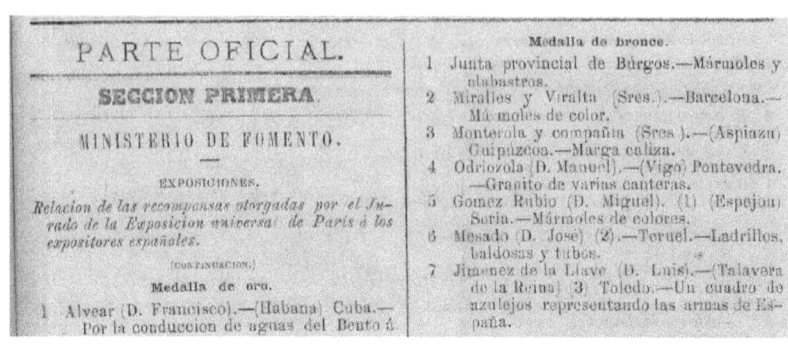

Boletín Oficial de la provincia de Zaragoza, 14/11/1878.

Capítulo 7.

LA SEDA DE LA CASA HENCHE.

Tomasa Ocaña, Casildo Rodrigo, Miguel del Olmo, Centeno y Aurelia "La Rubia".

La Casa Henche tuvo sus inicios hacia el año 1924, o quizás un poco antes, y comenzó plasmando el estilo Talavera en materiales distintos del barro, ya que el doctor Francisco Andrés Henche no disponía de su propio alfar ni horno. Es más, buscaba casas amplias que le permitieran combinar su residencia, su clínica médica y su taller artístico en un mismo lugar.

Comenzó su análisis examinando las obras literarias presentes en la biblioteca del Palacio de Velada, particularmente aquellas relacionadas con las sederías en varias regiones españolas. Posteriormente, se centró en el estudio de la Real Fábrica de Tejidos de Seda, Oro y Plata de Talavera de la Reina.

Después, aumentó su colección personal de libros con varios volúmenes relacionados con los tejidos, como parte de su esfuerzo por contribuir a mantener viva la memoria de las sedas talaveranas que, a finales del siglo XIX, habían desaparecido por completo.

La pista que el doctor Henche dejó por escrito es su adquisición de libros sobre obras de arte y literatura: Galería de los Museos de Europa (11 tomos), Obras de Goya (1 tomo), Historia del Arte de un autor alemán (5 tomos), Historia del vestido profusamente ilustrada, Historia del Tejido ilustrada en colores, entre otros.

```
      Obras de Arte y Literatura  Entre ellas:
      Galería de los Museos de Europa (11 tomos)
      Obras de Goya (1 tomo)
      Historia del Arte, de Pijoan (3 tomos)
      Historia del Arte, Autor alemán, (5 tomos)
      Historia del Vestido, profusamente ilustrada.
      Historia del Tejido, ilustrada en colores.
      Arte Prehistórico, antiguo y moderno.- Dos tomos con láminas guarda-
das en dos carpetas de tela encuadernada.- Gran obra ilustrada en colo-
res.
      Monumentos de España y Arte Español (10 tomos)
      Don Quijote de la Mancha.- Gran edición en tamaño 25 x 40, ilustrada,
de Gustavo Doré
      Don Quijote de la Mancha.- Edición de Gimenez Aranda, en 4 tomos:
2 tomos de texto y otros 2 de láminas.
      Don Quijote de la Mancha.- Edición de Seix, Barcelona (2 tomos ilus-
trados y 1 tomo de comentarios de Rodríguez Marín)
      Muchas obras de Arte y Literatura que no se citan, pero las hay de
Cervantes, Quevedo, Lope de Vega, Palacio Valdés, Blasco Ibañez, etc.
```

Recorte del escrito del doctor Henche reclamando sus bienes, 1949.

Como hemos visto, la Real Fábrica creaba coloridos dibujos sobre seda mediante técnicas de tejido o bordado, previo coloreado de los hilos de seda creados en Talavera. Esto supuso un obstáculo para el doctor, que intentaría agilizar la ejecución simplemente volviendo a asociar Talavera con la seda.

Para ello, Henche analizó en sus libros de historia el proceso por el cual la seda también puede pintarse, de la misma manera que la cerámica, tal como tradicionalmente se venía realizando durante siglos en China, o en Filipinas, esta última más próxima a la cultura española. La novedad y adaptación que introdujo el doctor-ceramista fue recrear los dibujos talaveranos pintados sobre sedas. Para este propósito, adquiría rollos de tela de seda en Barcelona, comprados en grandes lotes que almacena en su taller. Los artistas pintores representaban los dibujos al óleo directamente sobre la seda, sin teñirla, utilizando diseños elaborados por el doctor al carboncillo. Aunque en varias ocasiones también contaron con la colaboración del artista Fernando Broncano. Los artistas pintores del taller eran Tomasa Ocaña, Casildo Rodrigo, Miguel del Olmo, Centeno y Aurelia "La Rubia". Y durante los meses de verano se incorporaba la hija del doctor Henche, Victorina.

La Casa Henche aspiraba a decorar las casas particulares como si fueran palacios, brindando a las señoras la sensación de ser reinas en sus propios hogares, donde podían disfrutar de una atmósfera acogedora e invitar a amigos a admirar la nueva decoración. Las casas decoradas con las sedas de Henche exhibían biombos y lámparas con grandes pantallas donde los colores y diseños talaveranos resplandecían, añadiendo frescura y calidez al espacio. Las mesas del salón estaban adornadas con caminos de mesa y mantelerías que invitaban a disfrutar de agradables tertulias durante el café después de las comidas. En las alcobas, las colchas, almohadones y edredones de cama permitían a las dueñas de la casa presumir de un lugar acogedor. Tras finalizar la visita, se podían sentar en su butaca con alforjas para la labor, elaboradas en seda policromada, mientras admiraban los abanicos pintados en seda. Además, en las paredes se exhibían pañuelos, protegidos entre dos cristales para su conservación, enmarcados con madera noble y colgados como decoración. El motivo más reproducido y demandado era el cuadro de la Virgen del Prado como motivo central, rodeado de flores y con un marco de cenefas.

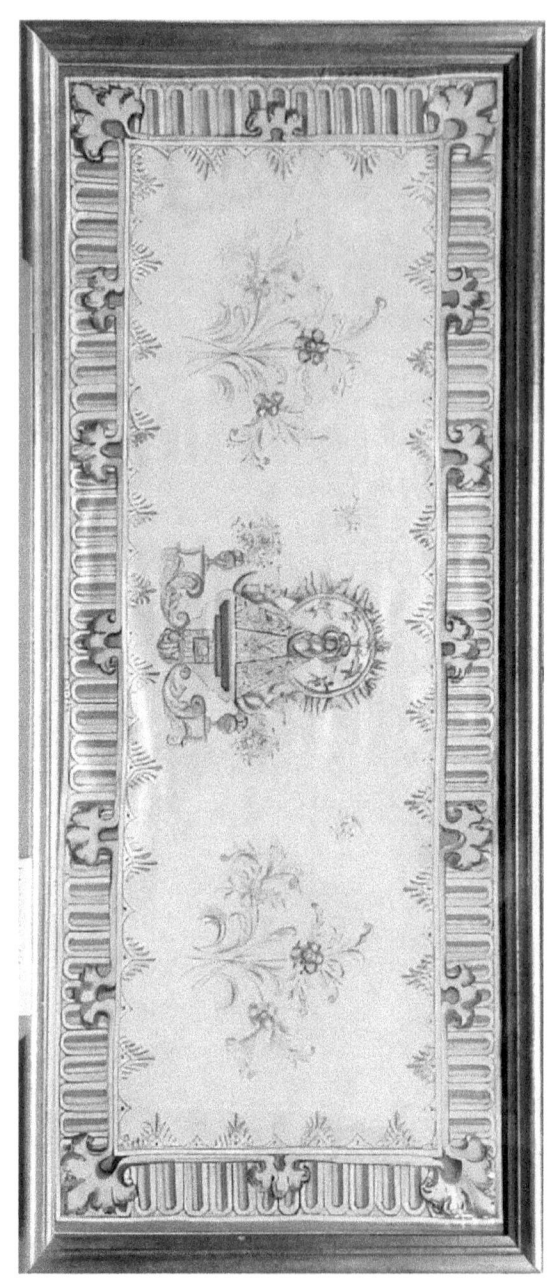

Seda con motivo de La Virgen del Prado.
Casa Henche.

Las obras de seda creadas por Henche estaban dirigidas a clientes con un alto nivel de renta y un interés especial en el arte. En la actualidad, es difícil localizar obras de Henche, especialmente las que están hechas en seda. La familia del doctor todavía conserva algunos abanicos que fueron elaborados con palillería de nácar, presentando escenas del Quijote o con grecas decorativas.

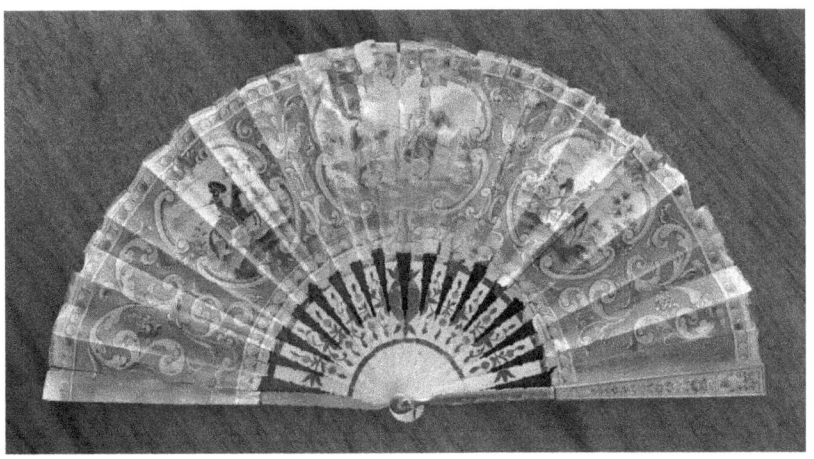

Abanico con motivos del Quijote. Casa Henche.

El doctor Francisco Andrés Henche participó en el "Primer salón nacional de médicos artistas" para mostrar a sus posibles clientes en Madrid la elaboración de sus abanicos. El certamen se celebró en el Salón de la Sociedad de Amigos del Arte, ubicado en el Palacio de la Biblioteca Nacional de Madrid. La crónica de este acontecimiento fue realizada por el médico Eduardo Alfonso, director de la Revista Popular de Córdoba, en su edición del 1 de enero de 1926. Alfonso comienza con una cita del médico Letamendí: "El médico que no sabe más que medicina, ten por seguro que ni medicina sabe". Luego, continúa con una descripción de la mentalidad de los médicos de la época, influenciados por figuras como Cajal: "Yo sé que a muchos podrá parecer casi herético, que algunos de nosotros hayamos osado restar algún rato a nuestra labor de médicos para ponernos a pintar o a componer un vals o una sonata. Sin duda los criticones no pensaron que es mucho más herético irse a la corrida de toros, perder el tiempo y la salud en la mesa del café, o idiotizarse jugando al dominó, cuando no a la mona. ¿Quién no tiene ocio? Y esta exposición, sobre todas las cosas, ha pretendido ser una muestra del ennoblecimiento del ocio".

El primer salón nacional de médicos artistas

La escultura fué flojita, sobresaliendo Mollá (hijo). En cambio en arte decorativo hubo verdaderas filigranas de buen gusto. Y si nó que lo digan las arquetas, tapetes y abanicos del Dr. Andrés y Henche, el farol de Blanco Royo (obra de chino, pero de estilo árabe), la Madonna de González del Blanco, que me gusta muchísimo y las pieles repujadas de Carassa.

En literatura, el maestro Juarrós se llevó la palma. En música, y que perdonen mis compañeros, no oimos nada... pero que nada.

Revista Popular, 1 de enero de 1926.

Después se centra en describir las obras exhibidas en la exposición, prestando especial atención a los abanicos del doctor Henche: "En cambio en arte decorativo hubo verdaderas filigranas de buen gusto. Y si no que lo digan las arquetas, tapetes y abanicos del Dr. Andrés y Henche".

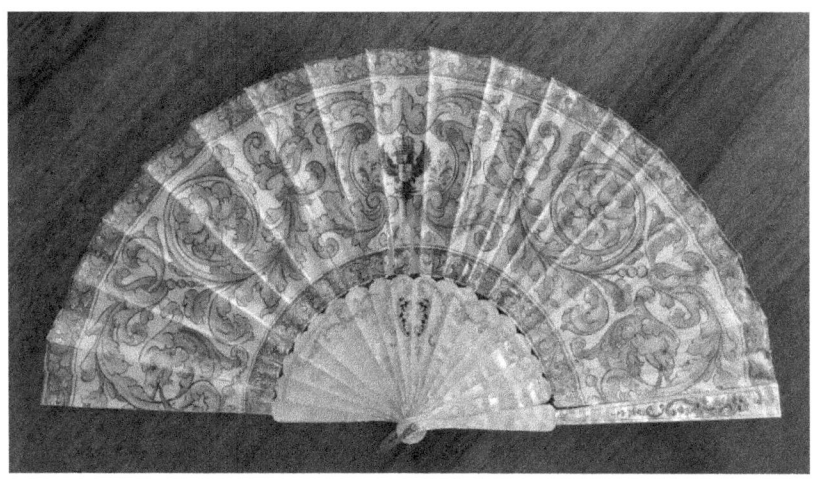

Abanico con grecas talaveranas y escudo imperial. Casa Henche.

Otra colección muy importante es la que conserva la familia Cortés, que cuenta con cojines y pañuelos de seda. El doctor Henche mantenía una amistad cercana con Manuel Cortés, un artesano especializado en la confección de calzado a medida en Talavera. Esta amistad estaba basada en el mutuo respeto y admiración por el trabajo de cada uno.

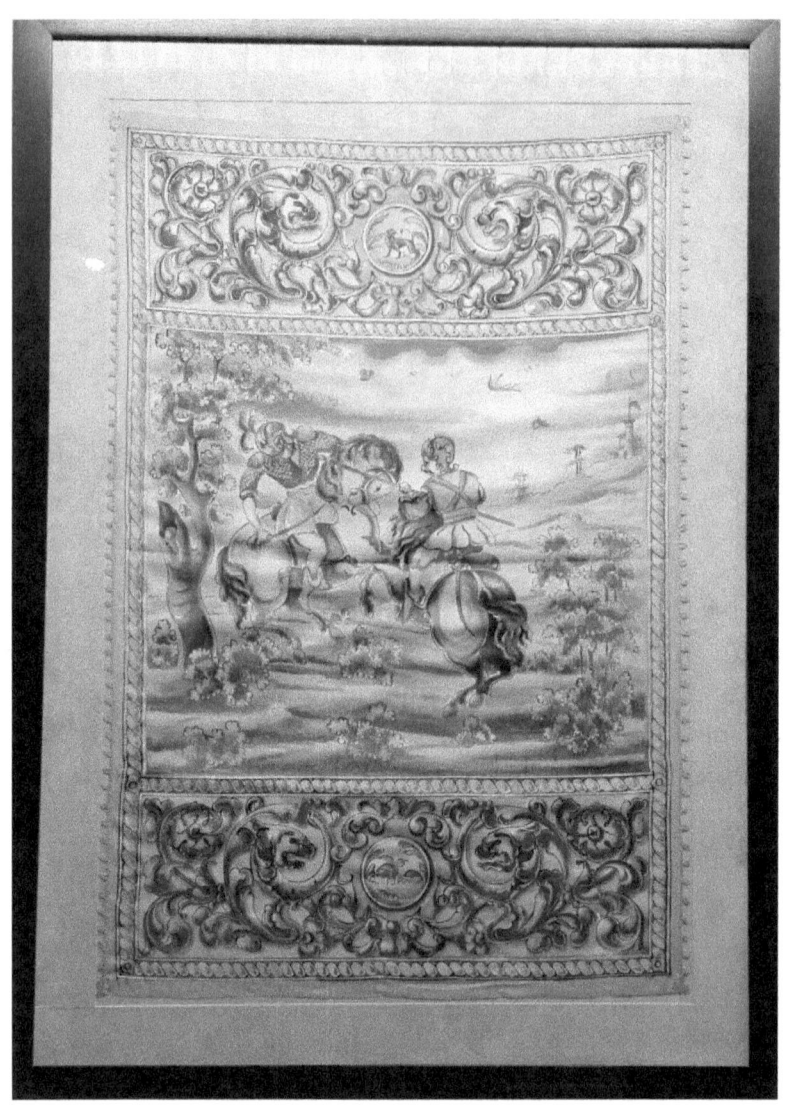

Seda con motivo de montería. Casa Henche.

También se conserva en excelente estado un pañuelo de seda que fue adquirido a finales de los años veinte por Eladio Aguado, un abogado de Madrid con gran afinidad por el arte. Este pañuelo forma parte de la colección privada Carracedo-Torres. Las dimensiones de esta seda son de 1 metro por 80 centímetros, y el motivo representa al Tercio de Flandes. El pañuelo está enmarcado por las grecas ornamentales con los famosos dragones de Henche, que se han convertido en un símbolo distintivo de su obra. En la parte central inferior del tema de montería aparece la firma de Henche en un círculo, sobre el cual destaca el distintivo "Talavera".

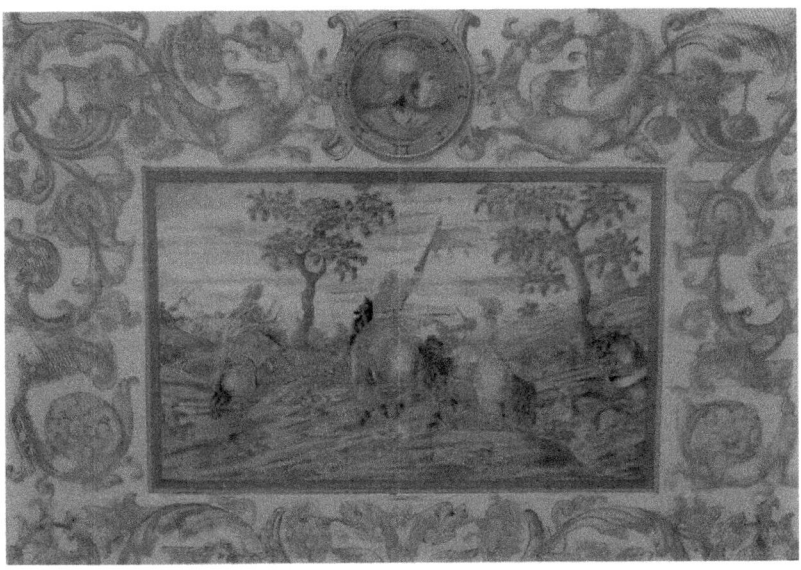

Pañuelo de seda. Casa Henche.
Fotografía cedida por Carlos Carracedo (bisnieto de Eladio Aguado).

La seda pintada del doctor Henche obtuvo varios premios en certámenes nacionales e internacionales, como el repostero con el escudo del Duque de Alba pintado al óleo en tisú de oro y renacimiento policromado, con fleco de oro, que medía 1,8 x 1,2 metros, y que fue premiado en las exposiciones de Milán y Filadelfia.

El tapete de mesa en tela moaré de la Casa Henche, decorado con una orla renacimiento y presentando cuatro escudos de España, Madrid, Toledo y Talavera, con el asunto central del Quijote, también ganó premios en exposiciones en Toledo, Milán y Filadelfia.

Y también fue premiado en varias ocasiones su cortinón de tela tisú de oro de 2,5 metros de alto, que lucía en el centro un gran escudo del Águila Imperial de Toledo.

Recorte de manuscrito del doctor Henche, 1949.

El cortinón, por su semejanza a lo fabricado en la Real Fábrica de Sedas, parece haber sido un homenaje que el doctor Henche trató de componer en línea con el renacimiento artístico de Talavera de la época.

El principal objetivo quedó cumplido: un modesto taller talaverano volvía a estampar preciosos dibujos sobre la seda y las noticias llegaban incluso al extranjero.

Seguramente el doctor Henche estuviera al tanto de la labor de quienes defendían y añoraban las antiguas manufacturas sederas talaveranas años atrás, como Luis Jiménez de la llave e Ildefonso Fernández. Este fue su pequeño granito de arena por impulsar la seda en Talavera de la Reina.

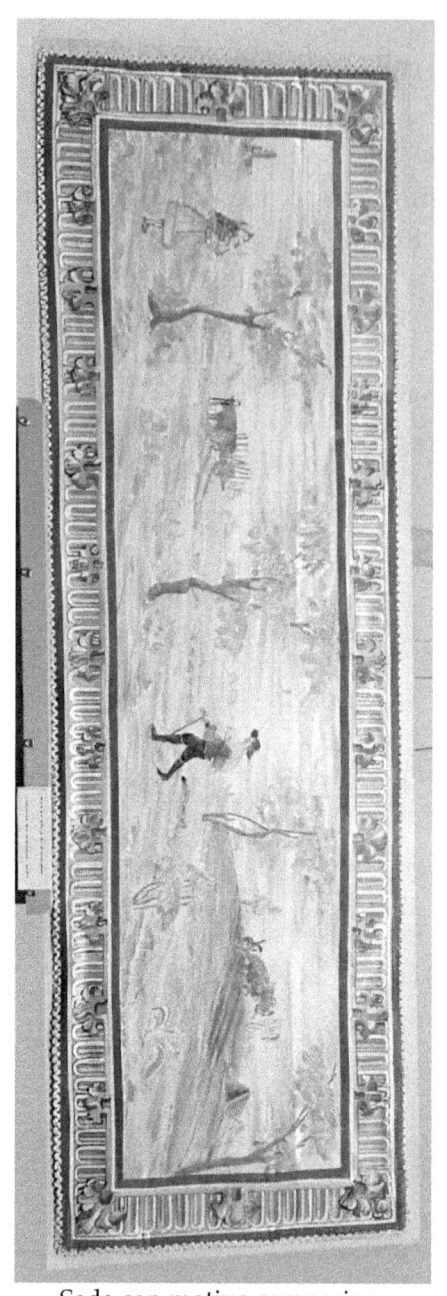

Seda con motivo campesino.
Casa Henche.

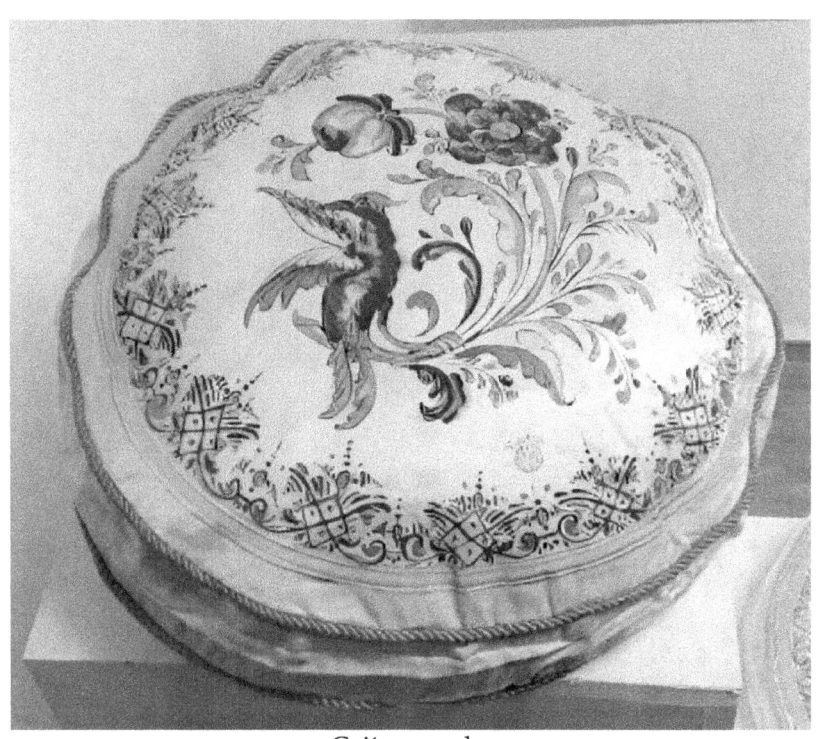

Cojín en seda.
Casa Henche.

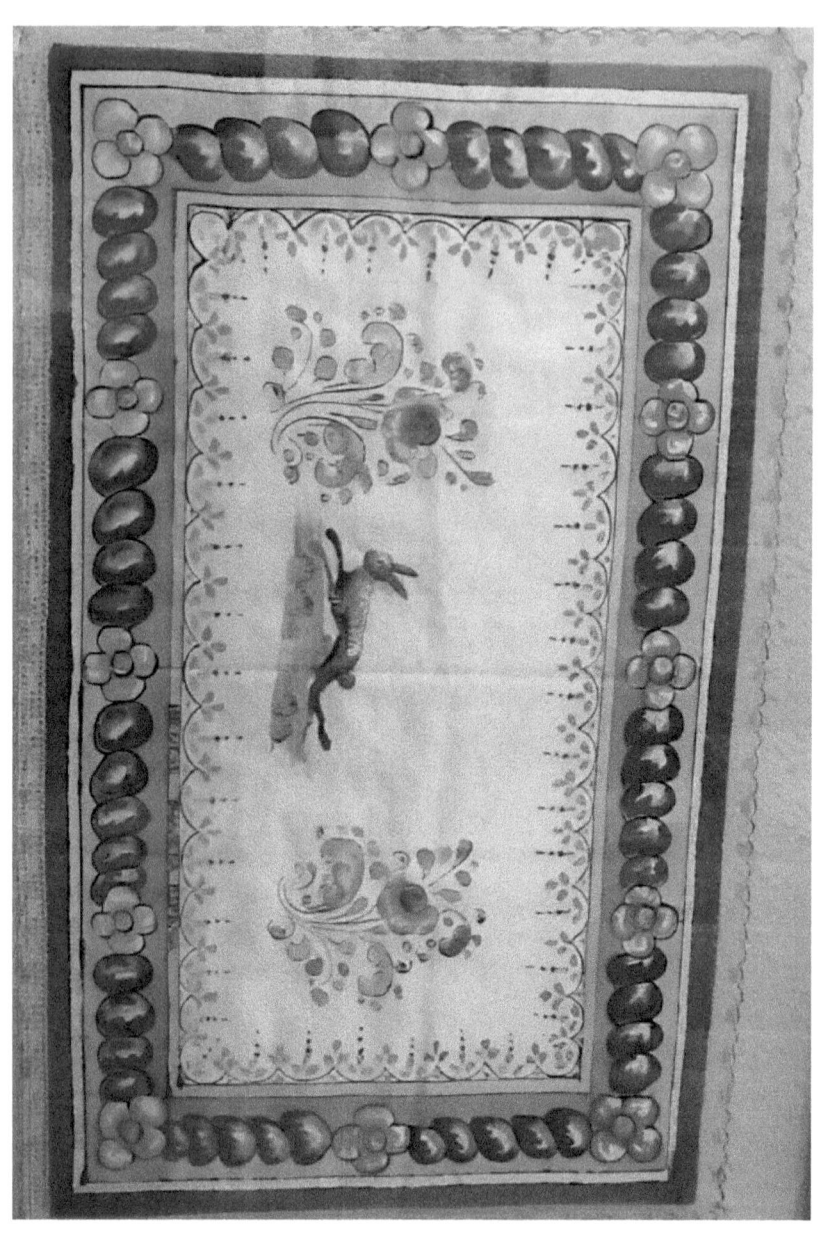

Seda con motivo campestre, una liebre.
Casa Henche.

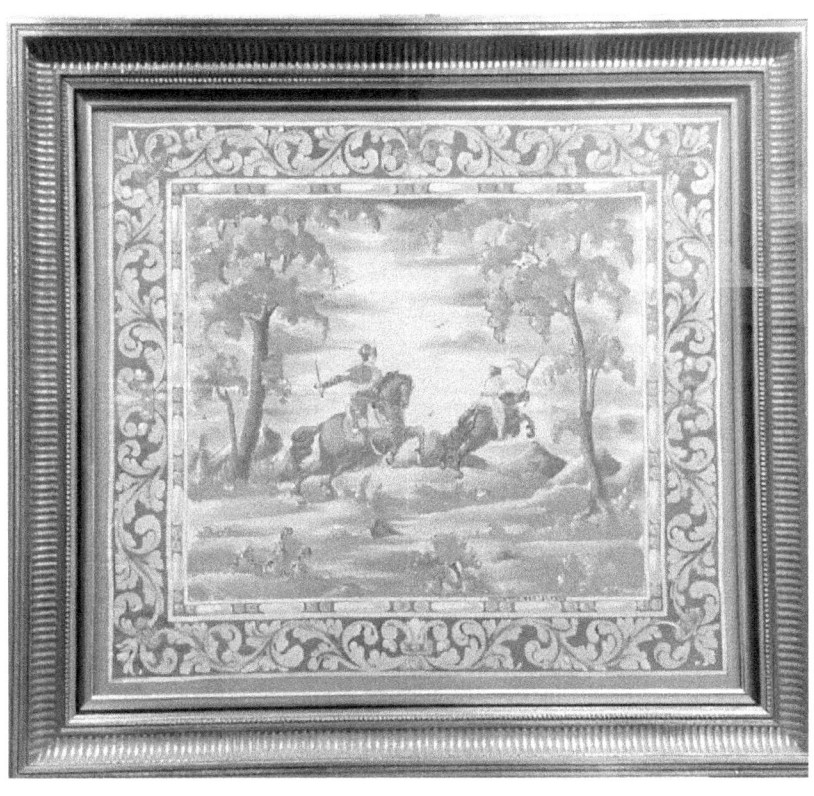

Seda con motivo de montería.
Casa Henche

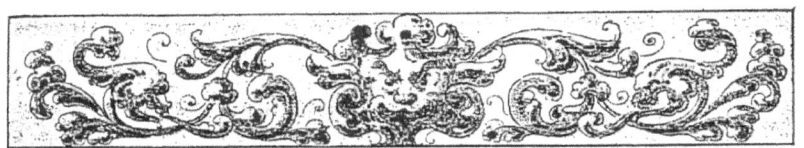

Tercera Parte.

El Toboso.

Capítulo 8.

EL MONUMENTO AL QUIJOTE.

Manuel Garci-González.

"En un lugar de la Mancha, de cuyo nombre no quiero acordarme, no ha mucho tiempo que vivía un hidalgo de los de lanza en astillero, adarga antigua, rocín flaco y galgo corredor".

Nuestra siguiente singladura comienza en el año 1905, cuando un Real Decreto publicado el 9 de mayo en la Gaceta de Madrid, propone que se erija un monumento en honor a Miguel de Cervantes en la Plaza de España de Madrid. También añade que será *"costeado por suscripción voluntaria. Serán invitados a contribuir a dicha suscripción todos los pueblos que tienen el castellano por lengua nacional. Para la construcción del monumento se abrirá concurso entre artistas españoles..."*

Es la España de Alfonso XIII. Cuando se quería alcanzar un objetivo importante era necesario contar con el respaldo de una persona con un título nobiliario. En este caso, el comité creado para la construcción al monumento a Cervantes estaba presidido por el duque de Alba.

Además, la elección de la ciudad de Madrid, accesible y turística, añadía una garantía de éxito al proyecto.

La prensa nacional e internacional tenía un papel crucial en la promoción de la obra, difundiendo información sobre la selección del escultor, los avances en las suscripciones y las conferencias que exaltaban la obra de Cervantes. Además, se logró una parte importante de la financiación mediante la Real Orden del 28 de diciembre de 1927, que destinó el 1% del salario mensual de todos los funcionarios, un día de sus haberes, al monumento. Veinticuatro años después, en octubre de 1929, se inauguró parcialmente la pieza central del monumento. Posteriormente, tras la guerra civil española, se añadieron más elementos ornamentales que completaron la obra tal como la conocemos hoy. A pesar de la larga duración del proyecto, queda claro que fue un éxito y que se logró el objetivo deseado.

Pero la historia que quiero contar no es la de ese monumento, sino la de otro situado en la pequeña pero universalmente famosa localidad toledana de El Toboso. Es importante subrayar que el monumento de Madrid está dedicado a Cervantes, mientras que el de El Toboso está dedicado al Quijote, dado que la prensa tanto nacional como internacional de la época llegó a confundirlos.

Revisando la prensa nacional, la idea de erigir un monumento al Quijote en El Toboso se mencionó por primera vez en 1922. En el mes de septiembre una carta de "Juan de Filgueira", cronista de Badajoz, propuso esta interesante iniciativa. En su propuesta, sugirió la idea de dedicar en la Mancha una estatua a don Quijote en la población de Esquivias, donde Cervantes se casó con Catalina de Palacios. Además, planteó la posibilidad de que este nuevo monumento tuviera dimensiones gigantescas: "… Cual la estatua simbólica de la Libertad en la bahía de Nueva York, la del caballero del Ideal en la Mancha debiera alcanzar proporciones gigantescas para que, dominando toda la llanura central de España… No solo todos los Ayuntamientos manchegos, pero también todos los Municipios castellanos debieran contribuir a levantar el monumento a Don Quijote en la plaza de Esquivias, en los campos de Montiel o en las afueras de El Toboso…"

Este artículo fue publicado en numerosos periódicos nacionales y recibió una cálida acogida por parte de diversos periodistas que elogiaron la gran idea. A pesar de algunas críticas, en general, la propuesta fue ampliamente aceptada y celebrada.

En El Toboso, la idea de erigir un monumento a don Quijote fue aceptada con entusiasmo, aunque la propuesta inicial era bastante modesta, según informó el diario El Día: "En el Toboso ha sido acogida con gran entusiasmo la idea de erigir un monumento a don Quijote. El monumento ya ha sido encargado y será de barro cocido policromado con azulejina. Representará el monumento en que don Quijote dijo: *Todo el mundo se tenga*". Esta descripción parecía inspirada en obras de producción talaverana.

Tan solo un mes después, en octubre de 1922, el diario La Correspondencia de Valencia informó que la propuesta ya estaba en marcha. Una comisión se había formado con el propósito de erigir un monumento en honor a don Quijote, y ya habían elegido al artista encargado: el escultor Manuel Garci-González. También, el diario La Correspondencia de España se hizo eco de la noticia, destacando: "Con plausible acierto, la Comisión ha designado para dar forma artística al pensamiento del pueblo toboseño a Garci-González, que tan admirables obras, llenas de efusiva inspiración, ha producido, y cuyos méritos son tan relevantes que no necesitan encarecimiento".

El presidente de esta comisión era el conde de López Muñoz (1849–1929), un destacado abogado, dramaturgo y profesor de filosofía. Miembro del Partido Liberal de Sagasta, ocupó cargos ministeriales en varios gobiernos entre 1912 y 1923. Además de su relación con las Bellas Artes, fue el creador del Instituto Cervantes en 1916, con el propósito de brindar apoyo a los huérfanos de escritores y artistas. En marzo de 1920, Alfonso XIII le otorgó el título de conde de López Muñoz en reconocimiento a sus servicios. Su título nobiliario y su cercana relación con el rey constituían una valiosa contribución para la realización del monumento, lo que indicaba un prometedor camino hacia su consecución.

En lo que respecta al escultor Manuel Garci-González (1878–1938), poseía una sólida formación en Bellas Artes obtenida en Barcelona, y posteriormente fue catedrático de dibujo en institutos de Madrid. Fue contemporáneo de Benlliure y ambos formaron parte de la dirección de la Asociación de Escritores y Artistas Españoles. Garci-González recibió numerosos premios en diversos certámenes, y su obra gozó de un amplio reconocimiento. En 1912 ejecutó un busto del ministro conde de López Muñoz. Entre sus obras más destacadas se encuentran tres de renombre: La Sed, El Dolor Universal y el monumento al adelantado de La Florida.

Esta primera propuesta para el monumento fue valorada en unos 2 millones de pesetas, excluyendo la remuneración del escultor. Es importante destacar que Garci-González renunció a esta compensación.

En diciembre de 1922 se celebró la reunión de la comisión ejecutiva para el monumento al Quijote. El lugar elegido para la reunión fue el salón de actos de la Asociación de Escritores y Artistas, presidido por el conde de López Muñoz, el ex ministro Ruano y el alcalde de El Toboso. Acompañaron al alcalde el párroco y el farmacéutico de este pueblo. El diario El Debate relató la crónica: "...En la reunión figuraban gran número de políticos, periodistas, escritores, militares y personas de todas las clases sociales. Entre los concurrentes se hallaban los diputados y senadores que representan en Cortes los intereses de la Mancha... Se acordó ofrecer la presidencia de honor a su majestad el Rey, nombrar miembros honorarios a los jefes de Estado hispanoamericanos, a sus embajadores y ministros residentes en España y al jefe del Gobierno, y nombrar una Comisión ejecutiva central".

Este comité acordó que el monumento fuera financiado por suscripción popular tanto en España como en los países de habla española. La idea estaba tomando forma. En el Ateneo de Madrid varios intelectuales respaldaron la iniciativa, según informó el Diario de la Marina en diciembre de 1922, cuyo periodista añadió: "... De ser nosotros sajones, ya estaría levantado, bien en lo cimero del Moncayo, o a la entrada del puerto de Barcelona: nada de esconderlo en una plaza toledana o frente a la humilde casa consistorial del Toboso". En realidad, este era el tema de conversación más comentado en ese momento.

En el mes de enero de 1923 la prensa nacional informó que el rey había aceptado la presidencia honoraria del comité ejecutivo, mientras que la reina asumía la presidencia de la junta de damas encargada de obtener suscripciones voluntarias. Sin embargo, en septiembre se produjo el golpe de estado de Primo de Rivera, lo que tendría un impacto significativo en el futuro del monumento de Garci.

Con el cambio político, surgió un proyecto mucho más ambicioso, propuesto por el comandante Serichol. El proyecto de Garci-González quedó en segundo plano, considerado como una alternativa. A partir de ese momento, el monumento de Garci comenzó a ser conocido como el "monumento pequeño", ya que su coste representaba solo el 5% del coste total del proyecto de Serichol, razón por la cual no fue completamente descartado.

De nuevo, en el año 1927 se volvió a mencionar que el artista designado era Garci-González. Sin embargo, esto solo generó confusión entre los periodistas, ya que en Madrid estaba en marcha un monumento dedicado a Cervantes, mientras que en El Toboso se planificaba otro en honor al Quijote, y este último contaba con dos proyectos en desarrollo.

La misma confusión también surgió en relación al destino de las 10.000 pesetas del premio Cervantes que quedó desierto en 1926. En un principio, la prensa informó que esta cantidad se asignaría al monumento de El Toboso, pero poco después rectificó la información, indicando que en realidad se había designado para el monumento en Madrid.

Para diciembre de 1927, la prensa ya informaba sobre una doble y reñida suscripción entre el monumento a Cervantes en Madrid y el monumento al Quijote en El Toboso.

La última noticia en la prensa relacionada con Garci-González y su monumento en El Toboso es del año 1929, cuando se informó que el escultor visitó El Toboso en compañía de Isaac Peral, el hijo del inventor. Sin embargo, con la llegada de la República, todo quedó en el olvido.

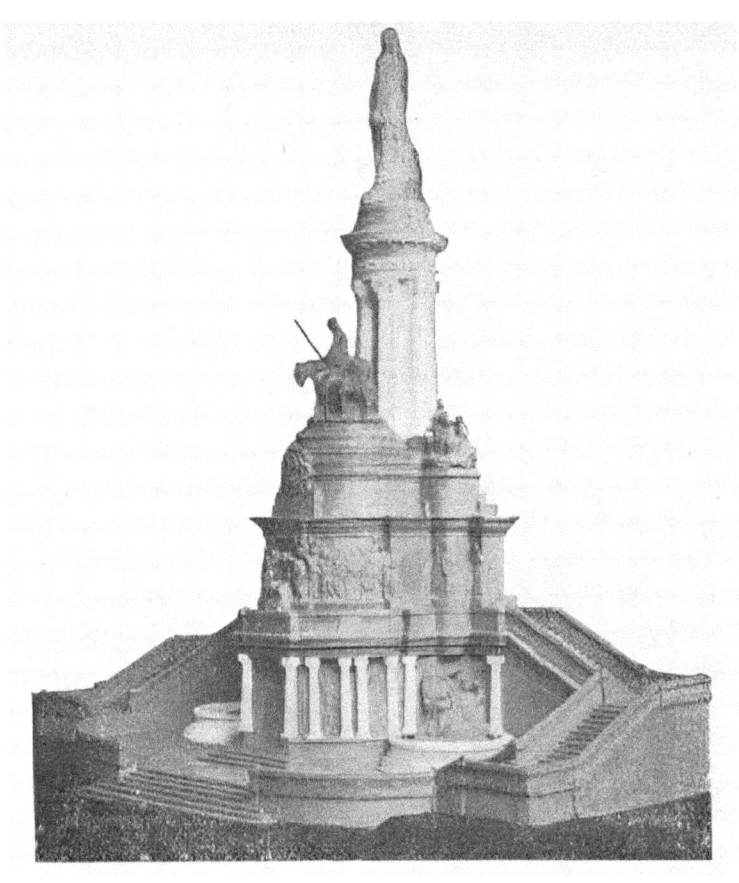

Monumento al Quijote. Maqueta de la propuesta de Garci-González.
Revista semanal Mujeres Españolas, 7 de julio de 1929.

Capítulo 9.

EL COLOSO DE LA MANCHA.

El comandante Serichol.

Calixto Serichol Ibáñez (1884-1936) fue un destacado oficial de artillería, que además fue miembro de la Real Academia de Bellas Artes y Ciencias Históricas de Toledo. Su labor más destacada fue la dirección de la construcción del Taller de Espoletas de la Fábrica de Armas de Toledo en los años veinte. Este taller se especializó en la fabricación de espoletas para proyectiles de artillería de campaña y morteros. La primera vez que el nombre de Serichol aparece en prensa fue en mayo de 1922, cuando se anunció su viaje a Alemania, Francia e Italia para visitar las fábricas de artillería con el fin de adquirir los nuevos materiales y herramientas necesarios para este nuevo taller. Tras su inauguración, Serichol fue ascendido al rango de comandante y recibió la Gran Cruz del Mérito Militar.

Siendo un apasionado cervantista y destacado ingeniero, Serichol propuso su propio proyecto para un monumento en honor al Quijote en El Toboso. Este proyecto se citó por primera vez en la edición de El Castellano del 12 de mayo de 1925, en un artículo que informaba sobre la Junta provincial encargada del monumento a don Quijote en Toledo. El entusiasmo del rey Alfonso XIII por respaldar el proyecto fue evidente, ya que nombró a Serichol como vocal de la Junta provincial y lo invitó a dar una conferencia sobre su propuesta para el monumento al Quijote.

En el mes de julio de 1925, los miembros de la comisión del monumento se reunieron con Alfonso XIII y tomaron la decisión de erigir el monumento en la vasta llanura manchega próxima a El Toboso. Planeaban que el monumento incluyera una extensa biblioteca en su base y aspiraban a que su inauguración coincidiera con la apertura de la Exposición Hispanoamericana de Sevilla en 1929. A pesar de su preferencia por el proyecto de Serichol, solo lograron obtener una suscripción gubernamental de 25.000 pesetas.

El 2 de diciembre de 1925, Serichol ofreció su conferencia en el salón de actos de la Diputación Provincial de Toledo. Acompañó la presentación con una exposición de dibujos y bocetos de esculturas. Este acto fue de acceso público y no requería invitación, permitiendo a todos los entusiastas del cervantismo en Toledo asistir. La conferencia llevó por título "Lo que debe ser el monumento al Quijote".

El 3 de diciembre, el diario El Castellano publicó un artículo detallando los acontecimientos de esa conferencia, otorgándole una importancia casi equiparable a la información sobre la toma de juramento de los nuevos ministros ante el rey. La sala estaba repleta, con la presencia en el estrado de las principales autoridades de Toledo y el alcalde de El Toboso. Este último ofreció una introducción sobre don Quijote, destacando que la obra es un tratado de profunda sabiduría.

Serichol detalló su emocionante proyecto que consistiría en una colosal estatua de don Quijote montado en Rocinante, acompañado de una figura de Sancho a pie que tiraría del ronzal de su rucio. Esta representación tendría una impresionante altura de 52 metros, en una proporción de 20 a 1, simbolizando las veinte naciones que comparten el idioma de Cervantes. El monumento estaría ubicado en la llanura de La Mancha, alejado de cualquier población, pero en las cercanías de El Toboso. Lo más impresionante es que los visitantes podrían entrar al interior de cada figura para admirar las vistas panorámicas. La descripción de Serichol era muy completa y con todo tipo de medidas y detalles, como la siguiente: "La lanza que empuña Don Quijote tiene unos cincuenta centímetros en su parte más alta y más estrecha, lo suficiente para poder instalar un faro de destellos blancos y rojos, que señalara de noche su situación". Además, el proyecto incluía restaurantes, una estación de ferrocarril y su propia central eléctrica.

Serichol calculó que la construcción llevaría aproximadamente siete años y costaría alrededor de 40 millones de pesetas, a pesar de que el Estado solo había aportado 25.000 pesetas. También calculó que el coste de construcción se amortizaría en 60 años gracias al turismo generado por el monumento. Para tener una referencia del importe, el presupuesto anual de la Diputación de

Toledo ascendía a 4 millones de pesetas. La conferencia concluyó con felicitaciones por parte del alcalde de Toledo.

El diario El Castellano del 10 de febrero de 1926 trae noticias de Alemania, que titula "Del monumento al Quijote en El Toboso". La transcripción parcial es la siguiente: "BERLIN.-El profesor Gogman ha dado una conferencia interesante sobre los personajes del Quijote, con una gran maestría. En el transcurso de la conferencia trató del monumento conmemorativo que ha de hacerse al "Quijote" en El Toboso, y elogió grandemente la propaganda que realiza el alcalde de El Toboso, para que el monumento sea pronto una realidad. En cambio censuró grandemente a la Comisión de la Junta Nacional del Quijote que actúa en Madrid, que hasta la fecha no ha hecho nada que demuestre su entusiasmo por el proyecto, y en cambio en casi todos los países se habla del asunto por los simples telegramas de Prensa que reciben los círculos españoles y los periódicos afectos a España… Terminó asegurando que si llega a realizarse la suscripción nacional para el monumento al Quijote, muchos alemanes cooperarán, en la medida de sus fuerzas…"

Durante el año 1926, el apoyo de El Castellano al monumento de Serichol fue constante y muy destacado. En su edición del 15 de febrero publica un artículo del comandante Serichol titulado "De cómo debe ser un monumento conmemorativo del Quijote. Gratitud.", donde dice que "es necesario que España cuente con una colectividad bien representativa que patrocine el monumento" y se felicita por la noticia del primer dinero llegado del extranjero, de dos médicos de Estados Unidos, que al leer en la prensa americana sobre la noticia del monumento, enviaron 6 dólares; dice que los americanos "son gentes que se afanan, luchan, son ambiciosas con febril ambición "creadora", por la necesidad que tienen de hacer cosas nuevas… De un país tal tenía que venir el primer dinero… Se trata solo de dos votos, sin lucida importancia… Y en verdad que hay muchos millones más, solo que falta la voz autorizada que los llame y que los una".

En contraposición a los entusiastas partidarios del monumento de Serichol, también había quienes no compartían su visión. Consideraban que El Toboso no era el lugar adecuado para el turismo masivo, teniendo en cuenta la presencia de Madrid como destino turístico preferido. Un ejemplo de esta perspectiva fue la crítica al monumento de Serichol por parte del periodista toledano Camarasa, publicada en ABC. A pesar de los elogios, Camarasa sugirió que el monumento debería adoptar la forma de un colosal molino, pero ubicado en Madrid. En respuesta a estas opiniones, el comandante nuevamente hizo uso de su voz en El Castellano el 2 de marzo de 1926. Dirigiéndose a ese periodista, le dice: "… ese *Coloso de la Mancha*" se hará o no se hará, pero aunque no se haga, sirve, por ahora, para exaltar el modo magnífico con que debemos perpetuar materialmente la devoción que nos inspira el Quijote… Si se considera que es más viable, más representativo, un molino de viento que el grupo de las inmortales figuras, hágase el molino en buena hora, pero no coloquemos a Don Quijote y a Sancho fuera del único sitio digno de contenerlos: la llanura ancha, espaciosa".

Continúa Serichol defendiendo su proyecto, con buenas palabras y respeto frente al periodista al que se dirige: "Yo celebraría mucho, sin embargo, que la Junta central aceptara la idea del señor Camarasa, y ese colosal molino fuera pronto una realidad. Todo, menos que no se haga nada".

En 1926, Alfonso XIII recibió al comandante Serichol en

audiencia, y en 1927, el monarca español visitó el Taller de Espoletas en compañía del rey de Suecia. Este reconocimiento podría haberse interpretado como un respaldo al monumento, pero no se produjeron cambios significativos. Posteriormente, Serichol fue destinado a Éibar, Guipúzcoa, entre 1929 y 1932, regresando a Toledo en diciembre de ese año. Con la llegada de la República, las noticias relacionadas con el monumento desaparecieron.

Después de esto, no se encuentran más referencias en la prensa nacional relacionadas con el monumento de Serichol. Solamente se registran dos pequeñas menciones en el año 1933, en las cuales El Castellano volvió a abordar el asunto. El 3 de febrero, informó que la sociedad "The Spanish American" tenía la intención de llevar a cabo la obra de Serichol en Nueva York. El 22 de agosto, el periódico volvió a abordar el tema, planteando: "... La mencionada Sociedad se propone favorecer la idea de que el grandioso monumento al Quijote, que el señor Serichol proyectaba para que presidiese la inmensa llanura manchega desde las inmediaciones de El Toboso, se levante alrededor de Nueva York. Ya que tocamos este asunto, ¿es que se ha desistido también de la erección de un pequeño monumento en El Toboso?..." Se presume que con "el pequeño monumento" se hace referencia al proyecto original, el de Garci-González. Sin embargo, esta obra neoyorkina tampoco llegó a materializarse.

Para concluir este capítulo, quería mostrar la crónica publicada por el diario El Castellano el 26 de enero de 1926, que narra las festividades del carnaval celebradas ese año en El Toboso. La crónica termina con una coplilla dedicada a Calixto Serichol: "En El Toboso. Se ha celebrado el Carnaval este año con extraordinaria brillantez. Según tradicional costumbre, este año también se ha celebrado el Carnaval, adelantado, como es de rigor. Qué cosa tan extraña ¿verdad lector? Pues en este pueblo originalísimo, se inaugura la temporada de máscaras el día 8 de diciembre. Desde esta fecha, y por la noche, se pueden disfrazar cuantos quieran, visitando las casas de los amigos y Casinos donde son espléndidamente obsequiados. No es que desde esta fecha todos sean días de fiesta, no solo se celebran los días 17, 20 y 21, y si hay algún domingo intermedio. Este año, a pesar de la crudeza del tiempo, se ha celebrado con extraordinaria brillantez. Comienza la fiesta el día de San Antón. Después de la función religiosa, es llevado nuestro titular a la ermita de San Sebastián. Por la tarde, después de ser obsequiadas con un "lunch" las autoridades en casa del señor alcalde, se dirigieron, acompañadas de la banda municipal a la referida ermita, donde se dio la bendición a los animales; y luego es bajado el Santo procesionalmente, seguido de las mulas y caballos ricamente enjaezados para las carreras, y entonces comienzan las máscaras a invadir las calles. Por la noche, en este día, se celebraron tres bailes en los Círculos "El Recreo", "Amistad" y "Sociedad Humanitaria", tocando respectivamente el joven maestro don José Vicente Olmo M. Pantoja, la magnífica orquesta de Quintanar de la Orden, que tan acertadamente dirige el famoso Julianillo, y la no menos afamada de este pueblo dirigida por don Antonio Sánchez… El día 20, fiesta de San Sebastián, a pesar de presentarse el día nublado, desde por la mañana comenzaron a afluir forasteros. Por la tarde, y bien temprano, empezaron las estudiantinas a recorrer calles y Casinos con el constante "no me conoces". Pero lo que llamó poderosamente la atención era una en la que cincuenta chicos de ambos sexos, vestidos de exploradores y con la banda municipal toboseña, cantaban el himno de aquella institución, pero con letra "ad hoc", diciendo que venían de muy lejos, enterados, por los trabajos que se vienen realizando para honrar a Cervantes y animando a todos para que prosigan en su labor. A la cabeza de éstos marchaba el jefe a caballo, el cual, antes de empezar a cantar el coro, recitaba unas coplas originales suyas de las que entresacamos estas dos:

"EL CASTELLANO en Toledo
Hace propaganda enorme,
Porque en esta sea erigido
el Monumento al Quijote.
En Madrid las señoritas
trabajan con ilusión,
también trabaja en Toledo,
don Calixto Serichol".

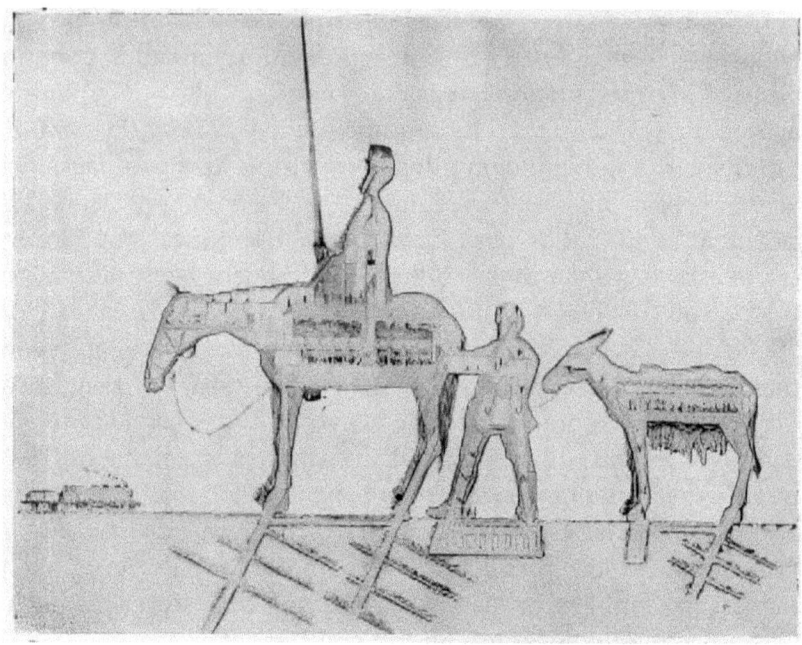

Boceto del proyecto de Serichol.
TOLEDO Revita de Arte, 1925.

Capítulo 10.

EL ALCALDE DE EL TOBOSO.

Jaime Martínez Pantoja.

Desde el inicio de esta historia en el año 1922, se hacía referencia a un grupo de individuos que lideraban todas las acciones relacionadas con el monumento en El Toboso, incluyendo a su alcalde, aunque su nombre no se mencionaba. Entre los miembros del comité nacional, el presidente, el conde de López Muñoz, era la persona más destacada, pero en ocasiones se mencionaba a otros miembros, como Francos Rodríguez, Ruano de la Sota o Luca de Tena.

Sin embargo, era inevitable que el alcalde de El Toboso, Jaime Martínez Pantoja, se convirtiera en el protagonista de esta historia. Su primer momento destacado en la prensa ocurrió cuando logró ser recibido en audiencia por el rey Alfonso XIII en enero de 1925. Su carisma quedó patente, y este encuentro aumentó el entusiasmo de la Comisión Permanente encargada del monumento al Quijote.

Se celebró una segunda audiencia el 30 de junio de 1925, en la que además asistieron el conde de López Muñoz y el director del periódico El Castellano, el señor Molina. Durante esta segunda audiencia, el alcalde de El Toboso entregó a Alfonso XIII varias fotografías de la localidad, incluyendo dos de la famosa Venta, una de los molinos de viento y otra con los escudos de Dulcinea.

Pero a partir de 1926, si hay algo en lo que la prensa de la época está de acuerdo, es que todo lo que surgió en torno a El Toboso fue impulsado o llevado a cabo por su alcalde y un reducido grupo de colaboradores. El diario que más cubre las gestiones del alcalde, casi a diario, es El Castellano.

El 18 de enero de 1926 los periódicos nacionales informan: "En París… se ha reunido un numeroso grupo de personalidades que trabajan por ayudar a que el Monumento al Quijote, que se ha de elevar en El Toboso, sea un hecho. Estos literatos, reunidos, han mostrado su simpatía por el alcalde de El Toboso, don Jaime M. Pantoja, que dentro de su sencillez ha conseguido dar impulso al proyecto y llamar la atención de todos los más ilustres cervantistas, incluso del extranjero".

El 11 de enero de 1926, el Defensor de Albacete publica una crónica titulada "El Alcalde del Toboso sale de Madrid y va la mar de contento", y cuya transcripción parcial es esta: "Ayer domingo salió de regreso al Toboso el Alcalde don Jaime M. Pantoja, que tan meritísima labor ha realizado en unos días de estancia en la Corte. Hemos visto infinidad de documentos ignorados por los mejores cervantistas. El Alcalde de El Toboso marcha muy contento a su tierra, por haber conseguido algunas mejoras de importancia en la enseñanza, cuyos grupos escolares se aumentarán... Fue felicitadísimo por numerosas personalidades artísticas, políticas y literarias. Se intenta que El Toboso llegue a ser con el tiempo una verdadera ciudad, con accesos de ferrocarriles para los turistas".

Se designaron como miembros honorarios del comité nacional los Jefes de Estado de todo el mundo. Además, se establecieron comités provinciales en toda la geografía española e incluso en otros países extranjeros. Pronto se unieron naciones como Alemania, Portugal, Francia y varios países sudamericanos, entre otros.

A partir de 1925, comenzaron a llegar diariamente donaciones de libros en diversos idiomas para la Biblioteca-Museo creada por Martínez Pantoja.

Numerosas personas que tuvieron la oportunidad de conocer al alcalde escribieron algunas palabras en su honor, reconociendo su incansable labor. En 1926, el diario El Castellano comenzó a publicar varias crónicas en respaldo de los esfuerzos del alcalde de El Toboso por establecer una Biblioteca-Museo del Quijote en la localidad, como la crónica del 14 de enero: "De El Toboso. Por la Biblioteca-Museo *"Cervantes"*. Cual un segundo Don Quijote se nos muestra de día en día nuestro infatigable alcalde, señor Pantoja. Como el *"desfacedor de entuertos"*, nos dice: *"Mis arreos son las armas, mi descanso el pelear"*. Nuestro alcalde señor Pantoja ha llegado de Madrid. Sus gestiones, sus trabajos son fructíferos. Termino de constituir en Madrid un Comité –nos dice- compuesto por distinguidas personalidades ... para que trabaje en pro de la Biblioteca-Museo *"Cervantes"* de esta y en pro del turismo. Digna de todo encomio es la labor emprendida por este alcalde. Este hombre ejemplar se levanta con el alba y ocupa su tiempo en desempolvar pergaminos con los cuales poder dar alguna luz en puntos obscuros del libro grande. Infinidad de visitas son las hechas por nuestro alcalde a personalidades para invitarles a coadyuvar en esta magna empresa… En todas estas visitas fue objeto de felicitaciones sinceras nuestro alcalde por su meritísima labor. El señor alcalde de Madrid dijo que haría un obsequio para Biblioteca y el señor Vázquez Mella dijo: *"hay que trabajar por El Toboso; hay que hacer de él una Meca del turismo"*. Reciba el señor Pantoja y el pueblo de El Toboso mil plácemes por sus trabajos, y gracias muy rendidas a los señores que con tanta simpatía ven los trabajos que este pueblo viene realizando y por las distinciones dispensadas a su representante".

El director de la Real Academia de Bellas Artes de Toledo, Hilario González, publicó un artículo en la revista Toledo Revista de Arte en el mes de enero de 1926, dedicado al alcalde Martínez Pantoja, titulado "¿Qué representa el Quijote?". La transcripción parcial es como sigue: "¿Qué representa el Quijote? La fe ante todo; la fe en algo eterno e inmutable, la verdad, esa verdad que reside fuera de nosotros, que no se nos rinde tan fácilmente, que pide que se la sirva y que se hagan sacrificios por ella, pero que termina por ceder a la persistencia del servicio y a la energía del sacrificio…"

El ya citado periodista Camarasa también dedicó unos renglones a la labor del alcalde Martínez Pantoja en la revista Toledo Revista de Arte del mes de noviembre de 1926: "La actividad y la perseverancia de un hombre – modestísimo pueblerino- al frente del Ayuntamiento del simpático pueblecito toledano *"El Toboso"*, ha reconquistado para este histórico lugar la atención, no solo nacional, sino de todo el mundo. El Toboso es algo que atrae extraordinariamente sobre todos los lugares y sobre todas las evocaciones del gran libro del inmortal Cervantes. Representa lo más grato, lo más atractivo, lo más ideal de la vida: el amor… Un buen día, un señor Pantoja –también loco enamorado del ideal-, alcalde del lugar cervantino, concibió la idea de dedicar en él un monumento al Quijote. Al conjuro mágico de este nombre, la iniciativa se propagó rápidamente, más que pensara su autor; primero fue el pueblo en pleno; después Toledo; más tarde, Madrid y España toda, traspasando ya sus fronteras y surcando los mares. En Europa y en América se conoce, y se ha recogido con gran entusiasmo, prometiendo su concurso..."

Durante el verano de 1926, el fotógrafo francés Charles Alberty, conocido como Loty, realizó un recorrido por los lugares cervantinos de La Mancha en compañía del pintor de Ciudad Real, Carlos Vázquez. Este extenso trabajo fotográfico se resumió en seis dioramas que representaban La Mancha de don Quijote y que se exhibieron en la Exposición Internacional de Barcelona de 1929. El artista valenciano Vicente Navarro también participó en la creación de los dioramas. La exposición fue un gran éxito y atrajo a numerosos visitantes. Estas fotografías se han convertido en parte de la historia y suelen aparecer en muchas publicaciones posteriores sobre ediciones del Quijote. Actualmente, se encuentran custodiadas en el museo provincial de Ciudad Real. En su recorrido, Loty y Vázquez capturaron la imagen de los famosos molinos de viento, de los cuales solo quedaban cinco de los 49 que existían en la época de Cervantes. También documentaron la icónica Venta, describiéndola como "curiosísima en detalles". En su visita a El Toboso, se encontraron con el Quijote del siglo XX, el alcalde de la localidad, quien fue retratado en su despacho junto a los documentos que respaldaban la existencia real de Dulcinea, cuyo nombre era Ana Zarco Morales, y que vivía en el palacio de Dulcinea.

También destacó la exposición fotográfica en Albacete promovida por Manuel Fernández Nieto, hermano del propietario de la Venta de El Toboso. En esta exposición se exhibieron las fotografías capturadas por el artista albaceteño Belda en los pintorescos lugares de El Toboso. La fama de esta pequeña localidad toledana crecía a nivel internacional y atrajo la atención de la compañía cinematográfica francesa Pathé, quienes recorrieron cada rincón del pueblo con sus cámaras, filmando escenas, casas y lugares emblemáticos.

No faltaban las peticiones para la construcción de un hotel o un parador en El Toboso para alojar a la creciente afluencia de turistas. El alcalde hacía hincapié en que los turistas extranjeros se sorprendían al descubrir que no había opciones de alojamiento en el pueblo. En este contexto, en 1926, se fundó la Compañía Nacional de Industrias del Turismo, una empresa catalana que tenía como primer objetivo la construcción de hoteles en la ruta del Quijote, incluyendo un establecimiento en El Toboso. Dos años después, se estableció el Patronato Nacional del Turismo, que también propuso la creación de un parador en El Toboso.

Entre los años 1925 y 1931, El Toboso se convirtió en un destino de moda. Fue visitado por nacionales como por extranjeros, atraídos por los artículos publicados en periódicos y revistas culturales. Los visitantes deseaban explorar la Venta, el callejón de Mejía y la Biblioteca-museo. Incluso expresaban su interés por las pruebas que respaldaban la existencia real de Dulcinea y ansiaban mantener una charla con el renombrado alcalde Martínez Pantoja.

El alcalde de El Toboso es el más admirable de los alcaldes

Cómo el mundo entero se interesa por el monumento al Quijote en el cervantino pueblo manchego

El Castellano, 15 de abril de 1926.

Los periodistas consideraban al alcalde de El Toboso como un nuevo caballero andante que visualizaba la llanura de La Mancha con un imponente monumento y como un epicentro de peregrinación para todos los amantes del Quijote.

El 11 de marzo de 1926, el diario El Castellano informó que en El Toboso habían recibido una traducción al noruego de la obra de Cervantes. Esta traducción fue exhibida en la exposición de Albacete y posteriormente se incluyó en el catálogo de la Biblioteca cervantina. Titula: "De El Toboso. Una traducción noruega del Quijote. Para la exposición cervantina de Albacete. Regalo valioso". El autor dice en su carta: "Teniendo en cuenta, y siendo yo un ferviente admirador de la obra cervantina, a la que he dedicado los mayores y más intensos trabajos de mi vida, he creído procedente contribuir al mayor éxito de dicha Biblioteca, remitiendo los dos volúmenes de "Don Quijote", traducidos por mí al noruego, ya que estimo como acto de justicia el haber dado a conocer, por vez primera en noruego, la obra imperecedera del insigne castellano". Se trata solo de una pequeña muestra de la gran cantidad de traducciones que estaban llegando en diversos idiomas.

En febrero de 1927, el aeroplano pilotado por el infante don Alfonso de Orleans experimentó una avería en el motor y se vio obligado a realizar un aterrizaje de emergencia. Lo único que tenía a la vista en ese momento era la Venta de El Toboso. Afortunadamente, el aterrizaje resultó exitoso, y el infante salió ileso. Esta inusual experiencia dio lugar al surgimiento de una nueva línea aérea turística entre Getafe y El Toboso, utilizando trimotores Junkers. Varios ministros realizaron el trayecto, que solo duraba 40 minutos. Tanto la clase política como el alcalde apoyaron y promocionaron este novedoso enfoque turístico.

El aparato pilotado por el Infante D. Alfonso, aterriza por averías

Otro aparato pilotado por el comandante Gallarza, aterriza forzosamente

Quintanar de la Orden 16

Esta mañana ha aterrizado en el sitio conocido por Venta del Toboso, por haber sufrido averías en el motor, un aeroplano pilotado por el capitán, Infante Don Alfonso de Orleans.

El aparato no sufrió desperfecto alguno, resultando el piloto afortunadamente ileso.

El Telegrama del Rif, 17 de febrero de 1927.

Un viaje a El Toboso en avión

---o---

Es el primero de los proyectados para seguir por vía aérea la ruta de don Quijote

---o---

El ministro de la Gobernación entre los expedicionarios

---o---

Brindis con vino de la Mancha

---᠊᠊---

En el aerodromo de Getafe se elevó ayer un trimotor "Junker" de la Unión Aérea Española para emprender el primero de los vuelos a El Toboso, conforme el itinerario turístico, gloriosamente consagrado con el nombre de la Ruta de Don Quijote.

El Debate, 19 de mayo de 1928.

En 1928, se anunció la concesión de la Gran Cruz del Mérito Civil al alcalde de El Toboso en reconocimiento a su destacada labor en el ámbito cervantista.

Algunas de las ideas impulsadas por el alcalde y sus colaboradores incluyeron la creación de una comisión en El Toboso para la construcción de un monumento colosal en honor al Quijote, el establecimiento de la Biblioteca cervantina con traducciones del Quijote en todos los idiomas y miles de reproducciones especiales, la denominación de una calle en El Toboso en honor a Cervantes, la redacción de una carta dirigida a todos los Jefes de Estado del mundo solicitando traducciones firmadas del Quijote, la restauración de la casa de Dulcinea y su declaración como monumento nacional con la intención de albergar en ella la Biblioteca cervantina, la investigación de documentos que respaldaran la existencia real de Dulcinea, la construcción de un hotel y las gestiones para la reparación del camino hacia la Venta.

En 1929, el periodista manchego Ángel Dotor publicó su libro de viajes "Don Quijote y el Cid". En su obra, no abogó explícitamente por el monumento en El Toboso, sino que propuso una ruta para excursionistas que incluyera todos los lugares cervantinos. Esta noticia no fue bien recibida en El Toboso, ya que las suscripciones para el monumento no experimentaron un aumento significativo.

No obstante, la Biblioteca-museo fue un rotundo éxito. Las donaciones de libros del Quijote de todas partes del mundo no cesaban, incluyendo colecciones especiales y traducciones autografiadas por líderes mundiales. El turismo también experimentó un notable aumento, con la organización de dos viajes en autocar Madrid-El Toboso cada semana destinados exclusivamente al turismo. En ese momento, el presidente de la comisión de la Junta Nacional era Francos Rodríguez.

Con la llegada de la República, los nuevos políticos no mostraron interés en continuar con el proyecto del monumento en El Toboso. Como consecuencia, la fiebre cervantina que había dominado los corazones comenzó a disiparse. España se vio obligada a enfrentar otros problemas de mayor envergadura en ese momento.

Al final, el monumento quedó en el olvido, pero el espíritu del alcalde Martínez Pantoja perdura hasta hoy y se refleja en cada libro de su Biblioteca-museo. Quizás Ángel Dotor tenía razón, y, en realidad, el monumento ya estaba construido en la propia Mancha, en los molinos de viento y en cada rincón singular que recorrió don Quijote.

Como Presidente de la Sociedad **Cervantina,** tengo el honor de manifestarle que, por acuerdo de esta Sociedad, ha sido instituida una **Biblioteca - Museo** que llevará el título del glorioso **Cervantes,** y que cuantos están en conocimiento de la idea la enriquecen con obras.

Lo que me es grato notificarle, esperando muestre su entusiasmo **Cervantista,** aportando alguna obra para la mencionada Biblioteca, testimoniándole las gracias más sinceras en nombre de la Junta Directiva y de este hidalgo pueblo inmortalizado por el divino manco.

El Toboso   de ....

de 19......

Sr. ....

Modelo de carta enviada a los Jefes de Estado.
Cedida por la Biblioteca de El Toboso.

Capítulo 11.

LOS AZULEJOS DE LA VENTA DE EL TOBOSO.

Jacinto Fernández Nieto.

En su obra maestra "El ingenioso hidalgo don Quijote de la Mancha", Cervantes nos presenta a su protagonista en el primer capítulo, inmerso en los preparativos de sus futuras aventuras. Con la armadura y las armas debidamente dispuestas, la primera salida del Quijote es narrada en el capítulo II, mirando en todas direcciones en busca de un castillo que le ofrezca alivio para calmar su hambre. En ese momento, sus ojos se posan en una venta, y describe así la escena: *"Estaban acaso a la puerta dos mujeres mozas, destas que llaman del partido, las cuales iban a Sevilla con unos arrieros que en la venta aquella noche acertaron a hacer jornada... Fuese llegando a la venta, que a él le parecía castillo,..., esperando que algún enano se pusiese entre las almenas a dar señal con alguna trompeta de que llegaba caballero al castillo... En esto sucedió acaso que un porquero que andaba recogiendo de unos rastrojos una manada de puercos tocó un cuerno, a cuya señal ellos se recogen..."*

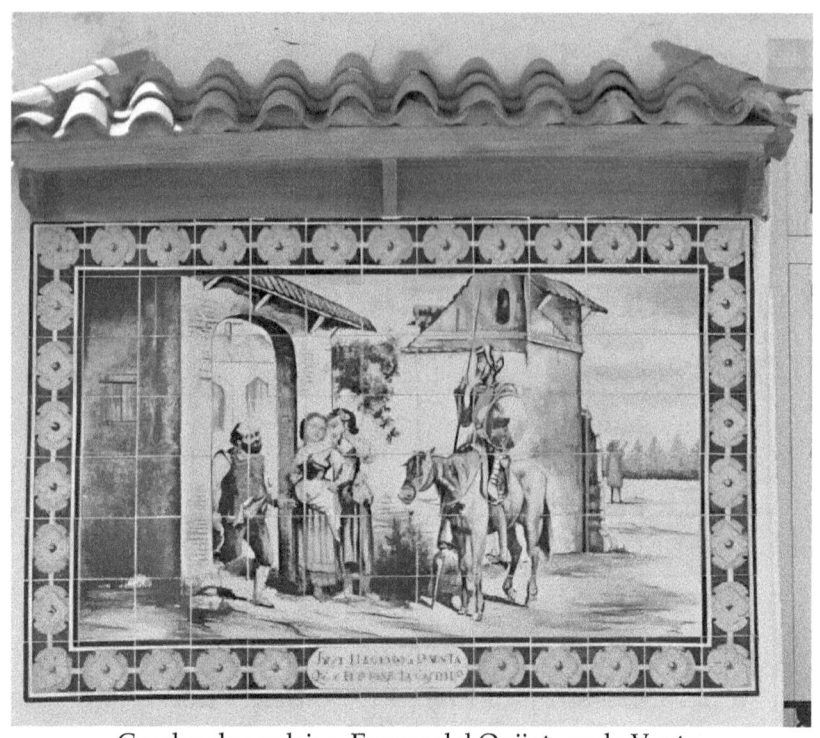

Cuadro de azulejos. Escena del Quijote en la Venta.
Capítulo II de la primera parte.
Casa Henche, 1926.

En el capítulo III, Miguel de Cervantes narra las hazañas del Quijote en la emblemática Venta. Aunque los debates sobre la ubicación exacta de esta célebre Venta perduran, esta es una historia que merece ser explorada por sí sola.

Don Quijote se encaminó hacia la Venta en solitario, puesto que en ese momento aún no tenía un fiel escudero. Al llegar a la Venta, don Quijote la confundió con un castillo y fue recibido por el socarrón ventero sanluqueño. Este último le indicó que podía velar sus armas en la pila junto al pozo, haciéndole creer que la capilla del castillo estaba derribada para ser reconstruida. A pesar de las interrupciones de los arrieros que buscaban agua para sus mulas, don Quijote se enfrentó a ellos, porque consideraba que le estaban retirando sus armas de la pila.

La historia continúa con los otros arrieros arrojando piedras a don Quijote, y solo cesaron cuando el ventero intervino. Posteriormente, el ventero procedió a armar caballero a don Quijote conforme a las ceremonias caballerescas tradicionales, que incluyeron la pescozada y el espaldarazo requeridos por la ley de la caballería. En este acto, don Quijote fue asistido por dos doncellas, conocidas como la Tolosa y la Molinera, quienes le ayudaron a ceñirse la espada. Con sus armas y el título de caballero, don Quijote partió del castillo en busca de un escudero para acompañarlo en sus futuras aventuras.

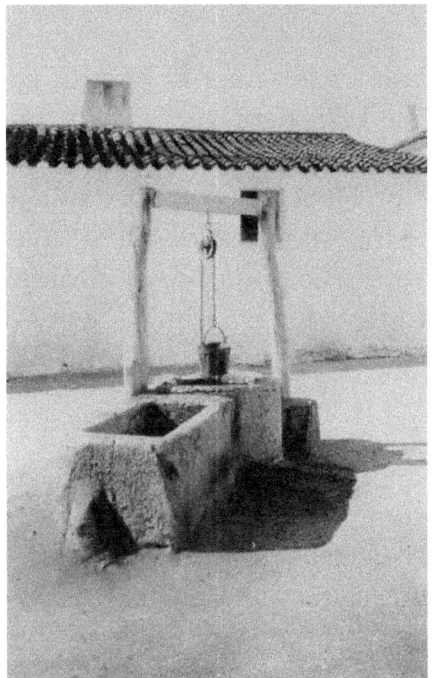

Pozo de la Venta de El Toboso. Foto Belda, 1926.

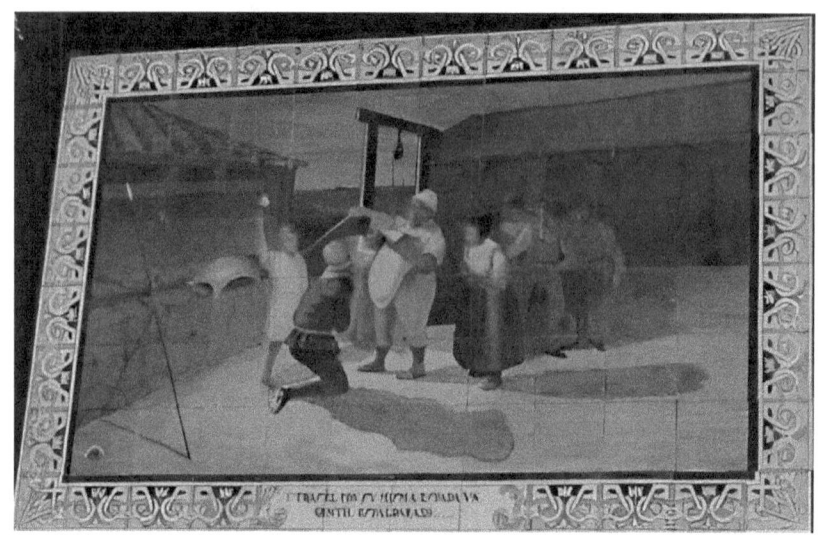

Cuadro de azulejos representando al Quijote armado caballero.
Fachada de la Venta del Toboso.
Casa Henche, 1926.

Nuestro siguiente viaje será a El Toboso y marcaremos el mes de abril de 1925 para ver que un nuevo personaje entra en escena en nuestra historia para traer consigo la figura del doctor Henche. Se trata de Jacinto Fernández Nieto, un industrial albaceteño, que se une a la ferviente emoción cervantina liderada por el alcalde de El Toboso. Como propietario de la Venta, aspira a que este establecimiento se convierta en un punto de interés turístico para los visitantes.

Jacinto Fernández Nieto, además de sus otras ocupaciones, como fundador de la fábrica de chocolates La Pajarita en Albacete y Director del Banco de Albacete, alberga el entusiasmo de transformar la Venta en un museo. A pesar de que el famoso pozo sigue presente en el patio interior, aspira a llevar a cabo una renovación en el edificio. Su visión incluye decorar la fachada principal con escenas quijotescas representadas en azulejos de alta calidad, preferiblemente elaborados con cerámica talaverana. Por esta razón, Fernández Nieto contrata a la Casa Henche la elaboración de los paneles cerámicos que materializarán este proyecto.

La noticia fue recogida por el Diario de Almería a principios del mes, donde dice: "Comunican de El Toboso que don Jacinto Fernández Nieto, dueño de la venta que perpetuara *"Don Quijote"*, en la que dejó sus armas y que conserva su pila del patio, se propone convertirla en un monumento de reverencia a la gran figura, para lo que decorará sus fachadas con interesantes escenas del *"Quijote"* en mosaicos talaveranos".

El encargo que Fernández Nieto hizo a la Casa Henche de Talavera consistió en un total de doce paneles cerámicos. Seis de estos paneles se colocarían en la fachada principal de la Venta, entre los espacios que quedan entre las ventanas y ventanucos, y otros seis paneles se instalarían en el edifico adjunto, los cuales estarían protegidos por un tejadillo de madera y tejas. Es posible que en el interior de la Venta se instalaran cuatro paneles de mayor tamaño que los exteriores.

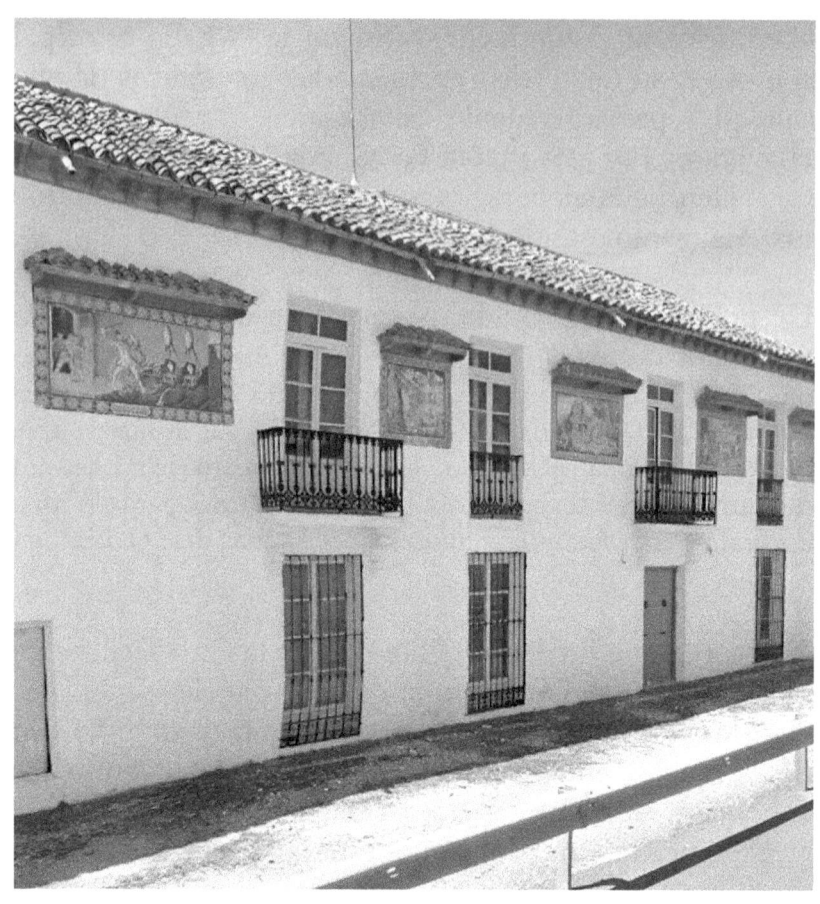

Edificio principal de la Venta de El Toboso.
Paneles cerámicos de Henche en su fachada.

La idea de Fernández Nieto también incluye convertir la Venta en un restaurante y museo dedicado al Quijote. Su objetivo es que los cuadros cerámicos de Henche sean visibles desde la carretera, de manera que los viajeros se detengan y visiten el lugar. La crónica la ofrece el Diario de Burgos del 9 de abril: "Con motivo de la iniciativa lanzada para levantar un monumento al Quijote en la villa de El Toboso, D. Jacinto Fernández Nieto, director del Banco de

Albacete y propietario de la *"venta"* en que se consumó el hecho cumbre de Don Quijote, queriendo que el turismo se desarrolle más y más, ha proyectado decorar toda la fachada de la venta con cerámica talaverana, representando a Don Quijote desfaciendo entuertos. Serán las imágenes mayores las que representen a Don Quijote velando las armas, en obsequio a que en dicha venta se conserva el antiguo pozo, en la pila del cual puso sus armas, por cuya defensa pudo costar caro al que él creía *"atrevido caballero que llegaba a tocar las armas del más valeroso caballero andante que jamás se ciñó la espada"*, y era *"un arriero de los que en la venta estaban que iba a dar agua a su recua"*. En la parte de la primitiva venta, donde tiene un patio con antiguas tinajas tobosescas, que bien puede recordar las del Caballero del Verde Gabán, tiene algunas habitaciones de las que servían de albergue a cuantos la noche pasaran allí. En pequeños huecos, por donde escasa luz entra en las habitaciones, pondrá el señor Fernández colmenas, para dar mayor sabor cervantino a aquellas antes abandonadas habitaciones, pues así parece se hallaban en tiempos de Cervantes. El día en que se coloquen todas las principales escenas en dicha venta se celebrará una solemne fiesta cervantina, que promete ser animadísima. Quiere, por fin, el señor Fernández habilitar dicha finca para que cuantos turistas la visiten hallen en ella *"una venta"* que, aun cuando confortable, no pierda su carácter cervantino".

La Venta de El Toboso

Con motivo de la iniciativa lanzada para levantar un monumento al *Quijote* en la villa de El Toboso, D. Jacinto Fernández Nieto, director del Banco de Albacete y propietario de la «venta» en que se consumó el hecho cumbre de Don Quijote, queriendo que el turismo se desarrolle más y más, ha proyectado decorar toda la fachada de la venta con cerámica talaverana, representando a Don Quijote desfaciendo entuertos.

Serán las imágenes mayores las que representen a Don Quijote velando las armas, en obsequio a que en dicha venta se conserva el antiguo pozo, en la pila del cual puso sus armas, por cuya defensa pudo costar caro al que él creía «atrevido caballero que llegaba a tocar las armas del más valeroso caballero andante que jamás se ciñó la espada», y era «un arriero de los que en la venta estaban que iba a dar agua a su recua.»

En la parte de la primitiva venta, donde tiene un patio con antiguas tinajas tobosescas, que bien puede recordar las del Caballero del Verde Gabán, tiene algunas habitaciones de las que servían de albergue a cuantos la noche pasaran allí. En pequeños huecos, por donde escasa luz entra en las habitaciones, pondrá el señor Fernández colmenas, para dar mayor sabor cervantino a aquellas antes abandonadas habitaciones, pues así parece se hallaban en tiempos de Cervantes.

El día en que se coloquen todas las principales escenas en dicha venta se celebrará una solemne fiesta cervantina, que promete ser animadísima.

Quiere, por fin, el señor Fernández habilitar dicha finca para que cuantos turistas la visiten hallen en ella «una venta» que, aun cuando confortable, no pierda su carácter cervantino.

Diario de Burgos, 9 de abril de 1925.

Para cualquier ceramista talaverano, la representación de escenas del Quijote constituye una responsabilidad significativa. Es de suponer que el doctor Henche invirtió tiempo en estudiar y crear estas composiciones. Tenía el desafío de plasmar, en una única imagen, una escena completa del Quijote y lograr que a simple vista se percibiera como una obra típica de Talavera.

No he podido determinar cómo el doctor Henche y Jacinto Fernández llegaron a conocerse. Una posibilidad es que fueran presentados por el director del periódico El Castellano, que dedicó numerosas crónicas en 1925 a la cerámica de Henche y Henche-Montemayor como los triunfadores de la exposición de Toledo en ese año. Sin embargo, tanto la Casa Henche como la asociación Henche-Montemayor ya estaban realizando actividades comerciales en toda la península, por lo que también es posible que Jacinto Fernández hubiera conocido a la Casa Henche a través de su representante en Madrid.

El doctor Henche disponía de varias ediciones ilustradas del Quijote que utilizaba como referencia para sus propias ilustraciones. Entre las obras más destacadas que le servían de inspiración se encontraban las de artistas como Doré, Jiménez de Aranda, y la edición barcelonesa de Seix. Todas estas ediciones eran reconocidas por su gran valor artístico.

(vuelta)

Manuscrito del doctor Henche, reclamando sus bienes, incluida su biblioteca particular. Año 1949.

El artista francés Gustave Doré (1832-1883) realizó un viaje a España y recorrió los lugares cervantinos para crear sus célebres litografías que representaban escenas de importantes obras literarias. Entre estas ilustraciones se incluye la edición francesa del Quijote publicada en 1863, que contiene un total de 370 ilustraciones en gran formato. Estas representaciones se han convertido en referencias icónicas y han sido utilizadas en numerosas publicaciones posteriores de la obra de Cervantes.

José Jiménez Aranda (1837-1903) fue un destacado pintor e ilustrador sevillano. Uno de sus notables trabajos incluyó su participación en el volumen colectivo titulado "El Quijote del Centenario, 1605-1905", que se publicó en el año 1908. En esta edición, Jiménez Aranda contribuyó con un total de 689 ilustraciones. La obra estaba compuesta por ocho tomos en total, divididos en cuatro tomos de texto y otros cuatro tomos que contenían las láminas ilustrativas.

La edición del Quijote de la editorial barcelonesa de Francisco Seix Faya, publicada en el año 1898, se compone de dos tomos ilustrados y un tercer tomo que contiene comentarios proporcionados por Rodríguez Marín. Estos textos a menudo ofrecen un análisis y contexto enriquecedor para la obra de Cervantes.

Una vez que se completaron los bocetos finales utilizando las ilustraciones anteriores como referencia, la Casa Henche enmarcaba las obras con un marco de azulejos que presentaba una cenefa típica talaverana. En la parte inferior de la obra, se incluía la firma "Henche – Talavera" en un tamaño destacado.

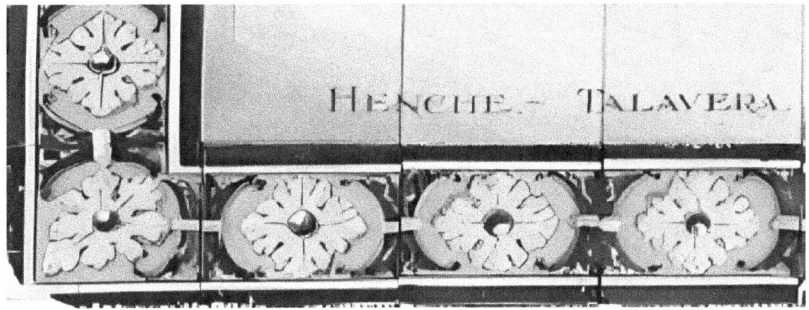

En el capítulo VII del Quijote es cuando Sancho conoce al hidalgo caballero y solo un capítulo después es cuando ocurre la famosa escena de los molinos, donde el Quijote ve treinta o más gigantes: "*¡Válame Dios! –dijo Sancho-. ¿No le dije yo a vuestra merced que mirase bien lo que hacía, que no eran sino molinos de viento, y no lo podía ignorar sino quien llevase otros tales en la cabeza?*"

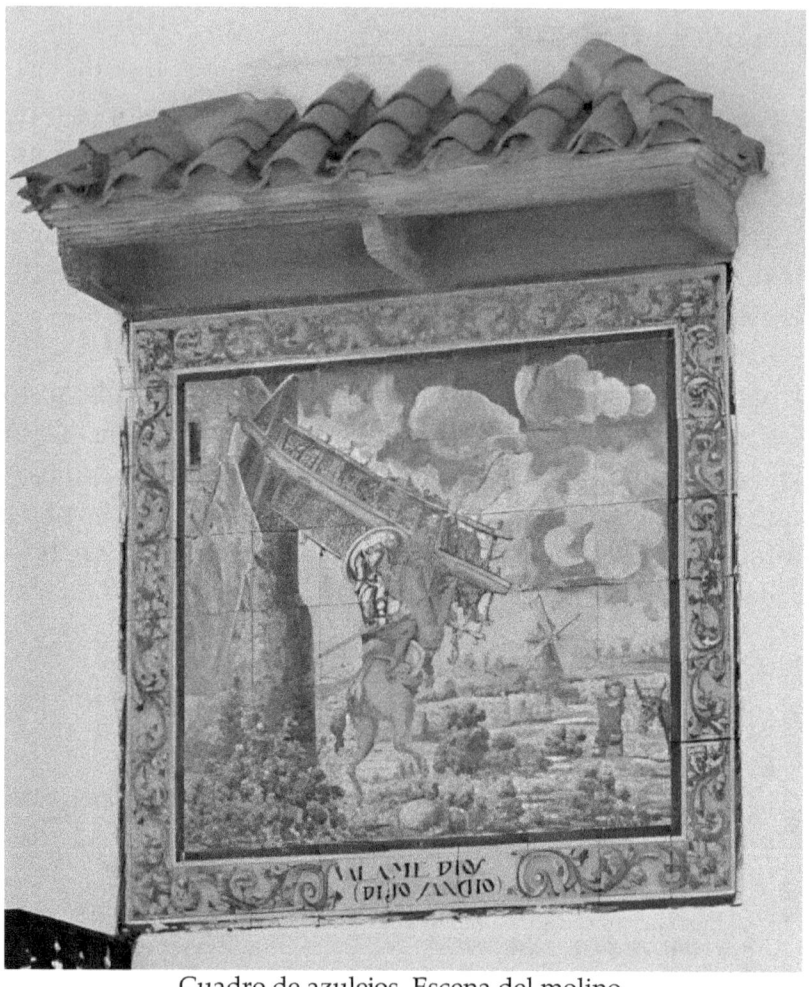

Cuadro de azulejos. Escena del molino.
Capítulo VIII de la primera parte.
Casa Henche, 1926.

Dada la repercusión en la prensa y las impresiones de los turistas, cada vez más personas desean visitar la Venta. Sin embargo, rápidamente se dan cuenta de que el camino que conecta El Toboso con la Venta se encuentra en muy mal estado. El diario La Independencia del 31 de diciembre de 1925 informa: "De Toledo manifiestan que los turistas que visitan el pueblo de El Toboso, siguiendo la ruta cervantina, se lamentan de la imposibilidad de visitar la Venta en que el gran literato supuso que don Quijote veló las armas. A pesar de que la distancia entre el pueblo y la mencionada venta es pequeña, no existe ningún camino transitable para llegar a ella". Los coches tenían que partir de El Toboso y dirigirse hacia Quintanar de la Orden. Desde allí, tomaban la dirección hacia la Venta, lo que resultaba en un recorrido de unos siete kilómetros adicionales en comparación con el tramo directo desde el Toboso.

Durante el mes de febrero de 1926 la Venta de El Toboso se encontraba llena de actividad, con los preparativos de su inauguración. Durante esos días, por allí pasaron fotógrafos que quisieron inmortalizar aquellos preparativos, como la fotografía publicada en la revista La Esfera, que muestra una de las fachadas de la Venta con seis azulejos ya instalados, a los que están colocando unas cortinillas para descubrirlos en el gran día. En la fotografía aparecen varias personas supervisando los trabajos, pero no se distingue si alguno de ellos era el doctor Henche. El diario El Castellano del 10 de febrero de 1926 anunció los preparativos de los actos de presentación de los azulejos de Henche en la Venta: "Por la tarde, en la "Venta" legendaria, el señor Caballero depositará una corona de laurel en la pila donde Cervantes hizo que su "Don Alonso de Quijano" velara las armas. Luego, en un acto de público homenaje, se descubrirán los paneles en cerámica talaverana, representativos de escenas del Quijote, que los dueños de la Venta, señores don Jacinto y don Manuel Fernández Nieto, han colocado en ella".

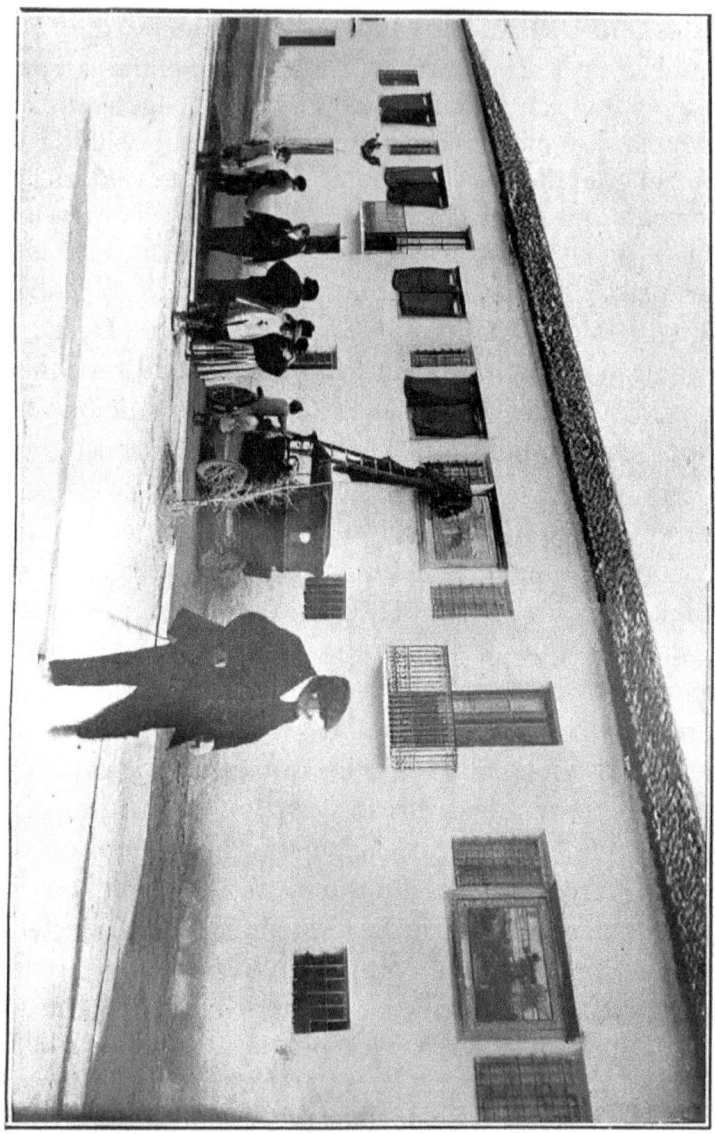

Revista La Esfera, 24 de julio de 1926.
Colocación de las cortinillas en los cuadros de azulejos.

El manteo de Sancho se narra en el capítulo XVII. El Quijote y Sancho se iban sin pagar, porque los caballeros no pagan en los castillos a cambio de protección. Don Quijote salió el primero de la Venta, pero Sancho quedó dentro. "*Viole bajar y subir por el aire, con tanta gracia y presteza, que, si la cólera le dejara, tengo para mí que se riera*".

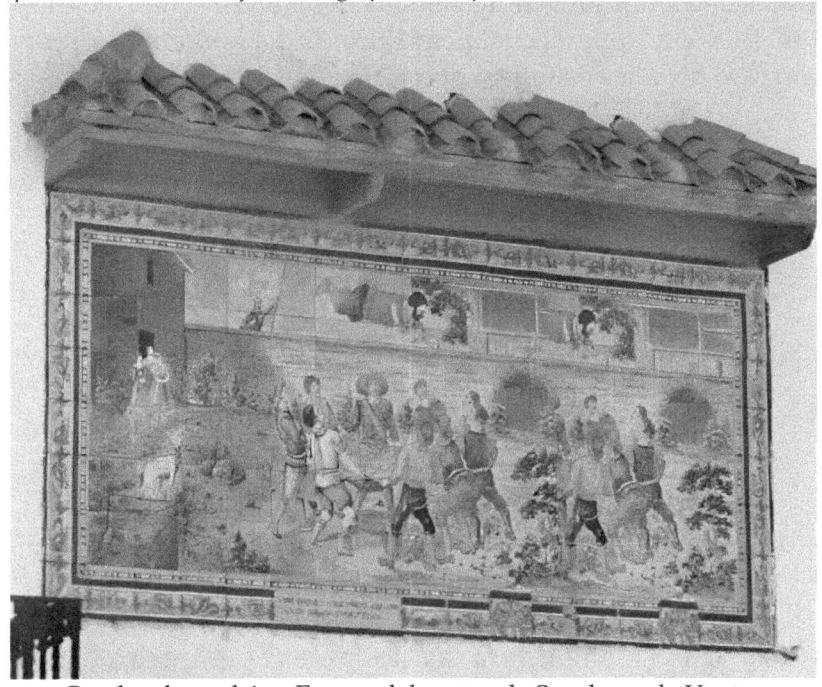

Cuadro de azulejos. Escena del mateo de Sancho en la Venta.
Capítulo XVII de la primera parte.
Casa Henche, 1926.

No quedó registrado en la prensa la visita del doctor Henche a El Toboso para comprobar el resultado de los cuadros de azulejos una vez instalados, por lo que no podemos confirmar si efectivamente visitó el lugar, aunque no es de extrañar.

El 26 de mayo de 1926, el Defensor de Albacete publicó los actos previos: "El incansable Alcalde de El Toboso, que con tanto entusiasmo viene laborando por perpetuar la memoria de Cervantes y los lugares manchegos en que desarrolló sus hazañas el loco inmortal, ha organizado para mañana una gran fiesta teatral en dicho pueblo, en la que se representará "Don Quijote", obra en la que toman parte más de 200 actores… También mañana se descubrirán unos mosaicos de Talavera, de gran valor artístico, que en el Toboso posee nuestro distinguido amigo don Jacinto Fernández Nieto…"

El Toboso y Cervantes

El incansable Alcalde de El Toboso, que con tanto entusiasmo viene laborando por perpetuar la memoria de Cervantes y los lugares manchegos en que desarrolló sus hazañas el loco inmortal, ha organizado para mañana una gran fiesta teatral en dicho pueblo, en la que se representará «Don Quijote», obra en la que toman parte más de 200 actores y que se considera ha de obtener un gran éxito por estar inspirada en los pasajes más notables del grandioso libro.

También mañana se descubrirán unos mosaicos de Talavera, de gran valor artístico, que en el Toboso posee nuestro distinguido amigo don Jacinto Fernández Nieto, eficaz colaborador en la simpática cruzada cervantina.

Defensor de Albacete, 26 de mayo de 1926.

Y fue el diario El Castellano del 4 de junio de 1926 el encargado de relatar los actos solemnes de las festividades en honor a Cervantes realizados en la Venta, que incluyeron la presentación y bendición de los cuadros de azulejos de la Casa Henche. Titula "En El Toboso celebran con toda solemnidad el día del Quijote".

En El Toboso celebran con toda solemnidad el día del "Quijote"

Se estrena la escenificación de la obra. de Cervantes.-Su majestad el rey y el presidente de su Gobierno se adhieren al homenaje que se rinde al divino «Manco» y su obra

El Castellano, 4 de junio de 1926.

La crónica, entre otros actos, relata: "Se celebraron las fiestas homenaje a Cervantes en esta histórica villa. Ha sido una fiesta de sencillez conmovedora, a la que han dado esplendor centenares de forasteros. Claro que esto no es obra del momento y sí fruto de la campaña emprendida desde años há, la cual ha despertado interés enorme en propios y extraños... El día 27 se organizó una gira a la Venta, donde se reunieron, a más del pueblo en masa, muchísimos de los limítrofes. A las seis llegaron las autoridades y el elemento oficial, que fueron recibidos a los acordes de la banda y con cohetes. Los propietarios señores Fernández Nieto hicieron los honores a sus huéspedes, y después de las presentaciones se procedió a descubrir y bendecir los cuadros de azulejos, representando éstos hazañas acaecidas en la venta a Don Quijote..."

A las seis llegaron las autoridades y el elemento oficial, que fueron recibidos a los acordes de la banda mencionada y con cohetes. Los propietarios señores Fernández Nieto hicieron los honores a sus huéspedes, y después de las presentaciones se procedió a descubrir y bendecir los cuadros de azulejos, representando éstos las hazañas acaecidas en la venta a Don Quijote.

El Castellano, 4 de junio de 1926.

La famosa escena del Quijote acuchillando los cueros de vino es narrada por Cervantes en el capítulo XXXV de la primera parte, que describe al Quijote de la siguiente manera: "*Estaba en camisa, la cual no era tan cumplida, que por delante le acabase de cubrir los muslos, y por detrás tenía seis dedos menos; las piernas eran muy largas y flacas, llenas de vello y no nada limpias; tenía en la cabeza un bonetillo colorado grasiento, que era del ventero; en el brazo izquierdo tenía revuelta la manta de la cama, con quien tenía ojeriza Sancho, y él se sabía bien el porqué; y en la derecha, desenvainada la espada, con la cual daba cuchilladas a todas partes, diciendo palabras como si verdaderamente estuviera peleando con algún gigante*".

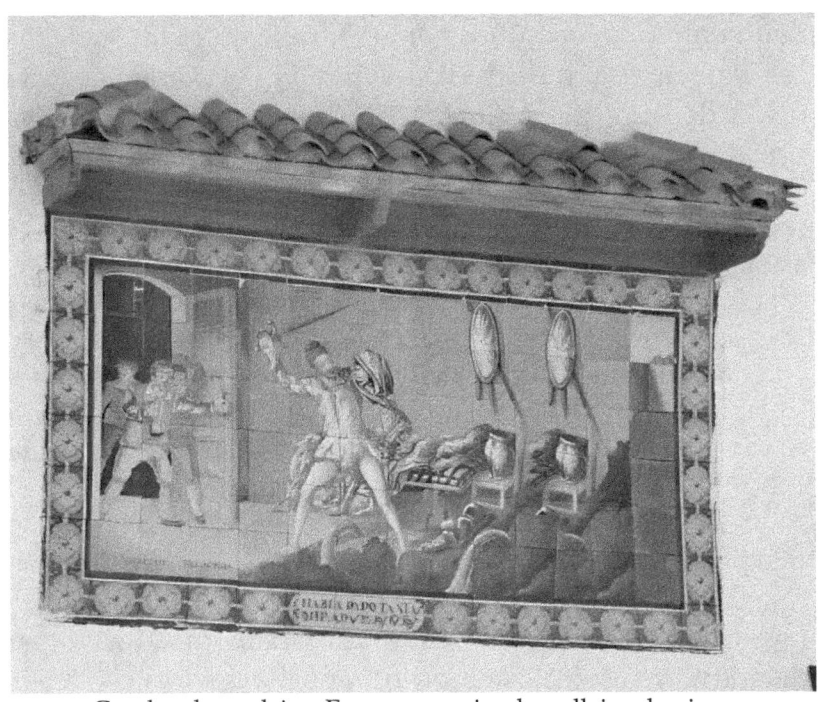

Cuadro de azulejos. Escena rompiendo pellejos de vino.
Capítulo XXXV de la primera parte.
Casa Henche, 1926.

Los hermanos Fernández Nieto quedaron asombrados
por la obra cerámica de la Casa Henche y completaron los
detalles de la Venta con vajillas coloridas de Henche que
presentaban motivos del Quijote, lo que proporcionaba
una experiencia encantadora a los comensales.

Es interesante destacar que el personal de la Biblioteca de
El Toboso conoce la historia de estas vajillas "únicas", las
cuales durante la guerra civil se resguardaron entre paja
para evitar que sufrieran daños o fueran robadas, siendo
consideradas un verdadero tesoro.

Los cuadros cerámicos se volvieron sumamente populares

tanto entre los lugareños como entre los turistas, quienes acudían en gran número a la Venta. El Diario de Albacete del 5 de junio de 1926 también narró los actos de las pasadas fiestas: "... Con este motivo días pasados se congregó un gentío enorme de El Toboso y pueblos comarcanos en la Venta que sirviera de tipo a Cervantes para el asunto de su novela. Primeramente se procedió a descubrir y bendecir unos cuadros de azulejos representando las escenas acaecidas en la venta. Estos cuadros, de factura talaverana, están bastante bien ambientados. Colocados los azulejos sobre la fachada de la venta que da a la carretera de Ocaña a Alicante, han de advertir e ilustrar al turista y mover la curiosidad del caminante. Pasaron después los circunstantes al patio o corral de la venta, donde hubo lugar la ceremonia de colocar sobre el simbólico pozo una corona".

Las obras de Henche sin duda añadieron un toque distintivo y cultural al entorno, contribuyendo a convertir la Venta en un lugar de gran interés para los visitantes.

El espíritu quijotesco se alzaba como una fuente de admiración. Muchas personas comenzaron a imaginar el proyecto encabezado por el alcalde de El Toboso como una realidad tangible. El diario Defensor de Albacete tenía una visión clara de cómo sería el complejo turístico que se estaba configurando en El Toboso, donde la Venta ocupaba un lugar destacado: "... no se tiende a exaltar la locura, levantando un monumento a don Quijote... Este tendrá por fondo y marco la llanura sin fin de La Mancha, su cielo purísimo, el pueblo de El Toboso, en la lejanía los clásicos molinos de viento y la célebre venta donde don Quijote veló armas, todo ello perfectamente visible desde el lugar donde van a emplazarse las dos gigantescas figuras mencionadas".

La Venta tenía un propósito adicional: servía como

escenario para celebrar comidas acompañadas de entretenidos bailes para los visitantes, con un enfoque especial en las autoridades que eran invitadas por el alcalde con el fin de promocionar el monumento al Quijote.

Además, los devotos peregrinos cervantistas solían asistir a misa en la ermita, que se encontraba frente a la Venta, completando así su experiencia en este emblemático lugar.

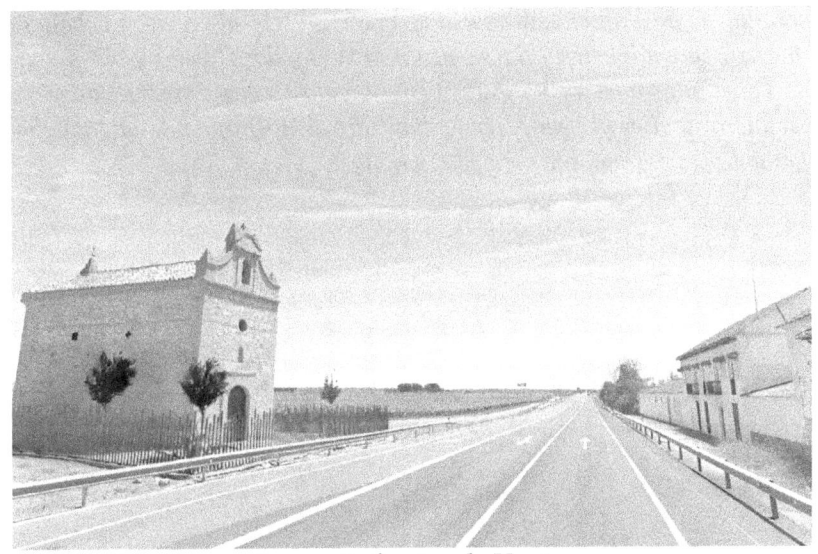
La ermita frente a la Venta.

En aquel año de 1926 coincidió que Jacinto Fernández Nieto estaba construyendo una nueva casa en Albacete y decidió encargar al doctor Henche la decoración del interior de su hogar. Henche le explicó cómo sus obras creaban un ambiente cálido y acogedor, que abarcaba desde la puerta de entrada hasta cada una de las habitaciones y rincones de la casa. La experiencia y habilidades de Henche en cerámica decorativa resultaron ideales para transformar la nueva residencia de Fernández Nieto en un lugar único y encantador.

El encuentro entre don Quijote y Dulcinea del Toboso ocurre en la segunda parte de la obra, en el capítulo X. Es Sancho quien ve salir de El Toboso a tres aldeanas montadas en tres borricos y engaña al Quijote diciéndole que Dulcinea viene a su encuentro. El Quijote veía tres labradoras. Sancho Panza hizo las presentaciones: "*Reina y princesa y duquesa de la hermosura, vuestra altivez y grandeza sea servida de recibir en su gracia y buen talente al cautivo caballero vuestro, que allí está hecho piedra mármol, todo turbado y sin pulsos de verse ante vuestra magnífica presencia. Yo soy Sancho Panza su escudero, y él es el asendereado caballero don Quijote de la Mancha, llamado por otro nombre el Caballero de la Triste Figura*".

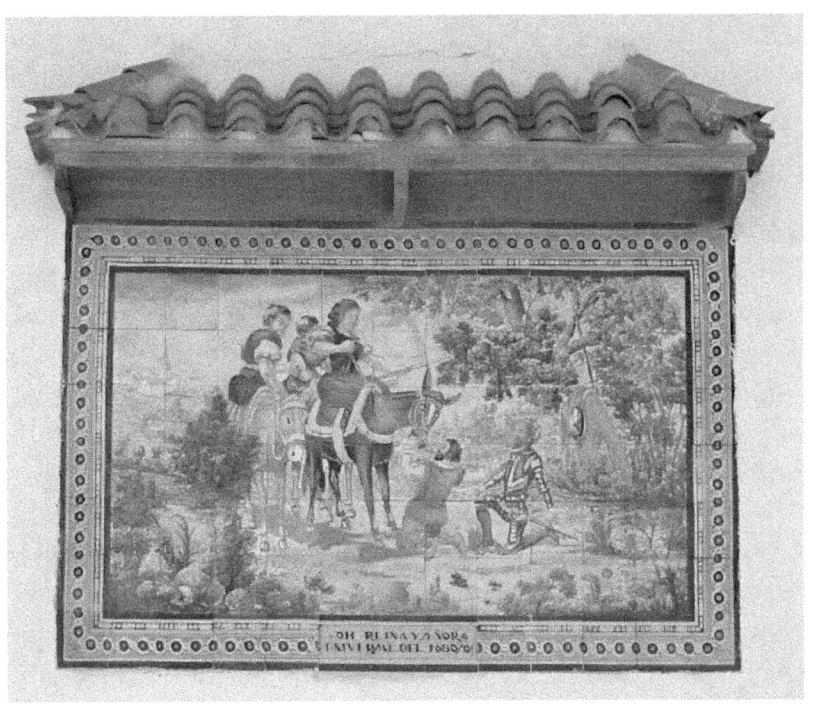

Cuadro de azulejos. Escena del encuentro con Dulcinea encantada.
Capítulo X de la segunda parte.
Casa Henche, 1926.

El doctor Henche tenía una estrategia para promocionar sus obras en las capitales de provincia. Aprovechaba la coincidencia con propietarios o arquitectos que estaban diseñando edificios nuevos y les mostraba cómo su cerámica decorativa podía aportar elegancia a la decoración interior de estos lugares. Esta táctica le permitía demostrar la versatilidad y el atractivo de sus trabajos, generando interés y demanda por sus servicios.

Así es como se materializó uno de los trabajos más sobresalientes de la Casa Henche, que en la actualidad se encuentra en un muy buen estado de conservación. Se trata del edificio situado en la calle Serrano Jover de Madrid. Fue construido entre los años 1925 a 1927 por el reconocido arquitecto madrileño José María Carnicero Rodríguez (1876-1936), y era propiedad de Encarnación Valdés, situado en lo que antes era conocido como la Ronda del Conde Duque. Es posible que el doctor Henche hubiera compartido con el arquitecto la presencia de sus azulejos en la Venta de El Toboso, y el espíritu cervantino predominante en ese momento podría haber sido la motivación para incluir la serie especial de 25 azulejos en el portal del edificio, cada uno de los cuales representaba una escena del Quijote.

Las escenas que se exhibían en los paneles cerámicos de la Venta de El Toboso son idénticas a las que el doctor reproducía sobre un único azulejo, similares a la serie que se conserva en el edificio de la calle de Serrano Jover.

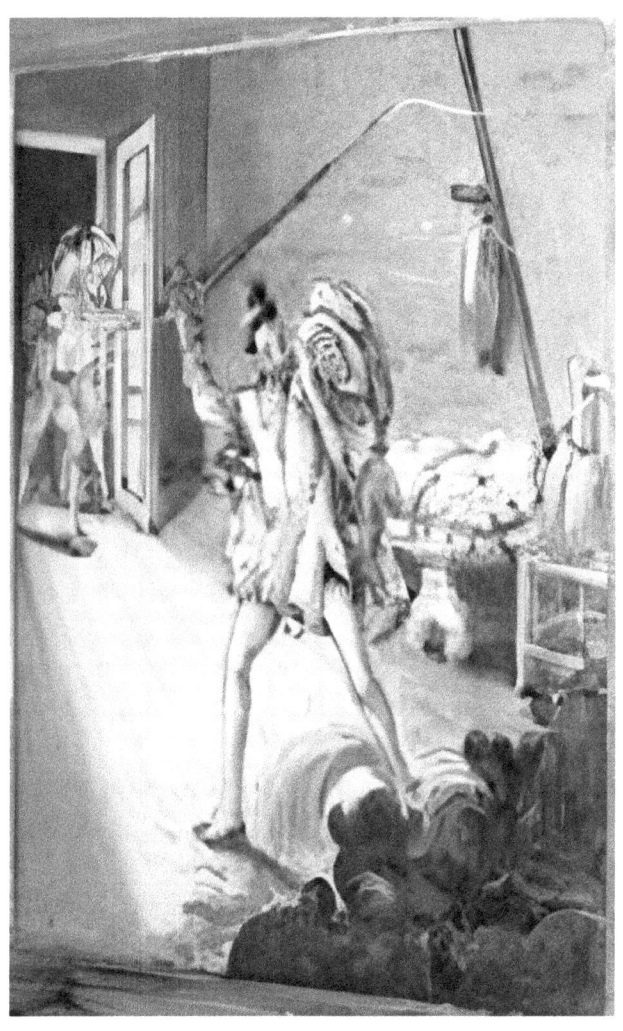

Escena del Quijote acuchillando pellejos de vino.
Serie de 25 azulejos de la Casa Henche.

José María Carnicero fue uno de los arquitectos más destacados dentro del movimiento Modernista en las primeras décadas del siglo XX. Su talento y estilo arquitectónico lo convirtieron en uno de los profesionales más solicitados en la escena arquitectónica de Madrid de la época.

Volviendo a El Toboso, los turistas seguían mostrando su descontento por el mal estado del camino directo entre el pueblo y la Venta. La situación se relata en un artículo del diario La Independencia en el mes de diciembre: "*De Toledo manifiestan que los turistas que visitan el pueblo de El Toboso, siguiendo la ruta cervantina, se lamentan de la imposibilidad de visitar la Venta en que el gran literato supuso que don Quijote veló las armas. A pesar de que la distancia entre el pueblo y la mencionada venta es pequeña, no existe ningún camino transitable para llegar a ella. El Ayuntamiento de El Toboso gestiona de la Diputación provincial de Toledo que remedie tal deficiencia*". La prensa también informó sobre accidentes de algunos coches que trataban de sortear los baches del camino.

Como era de esperar, el alcalde pidió en muchas ocasiones la reparación del camino, lo que llevó al presidente de la Diputación Provincial a pronunciarse sobre el asunto en El Castellano del 24 de agosto de 1926 argumentando que las reparaciones de otras carreteras eran más necesarias: "… para tener dicho camino directo, deben ofrecer auxilios equivalentes, por lo menos, a los que hagan los 61 pueblos que, en diferentes grados de incomunicación, no pueden vender libremente sus granos ni atender a sus enfermos".

Otra realidad era que los peregrinos cervantistas recorrían el camino a pie desde El Toboso hasta la Venta, dedicando prácticamente una hora de su tiempo a caminar y a disfrutar de conversaciones quijotescas en la llanura manchega. Esto no les importaba en absoluto, ya que de esta manera se sentían como verdaderos peregrinos en un escenario quijotesco, culminando su visita con una oración en la ermita que se encuentra frente a la Venta. Era una experiencia completa.

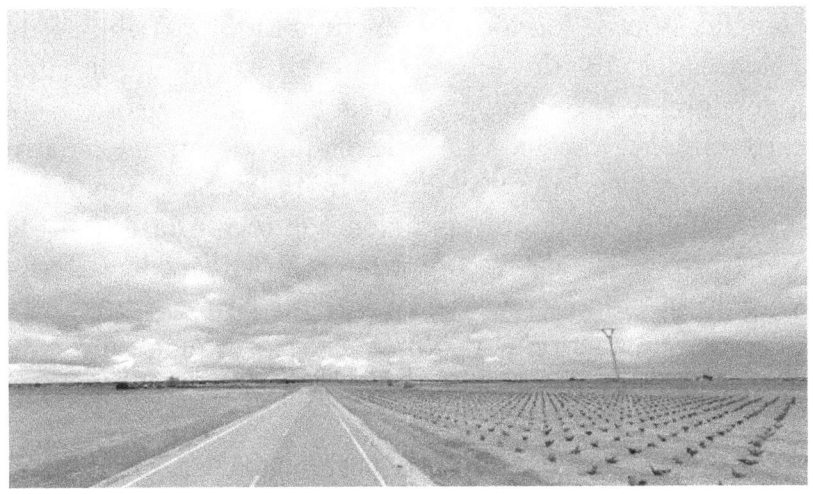

Carretera de El Toboso a la Venta.

A pesar de todos los obstáculos, el turismo continuó en aumento, e incluso las damas falleras visitaron la Venta y El Toboso en el año 1930.

Con la llegada de la República, el movimiento cervantista relacionado con el monumento al Quijote se desvaneció, pero a pesar de ello, continuaron llegando peregrinos a la Venta y libros a la Biblioteca-museo.

Actualmente, la Venta no presta servicio, y varios de los cuadros de azulejos de la Casa Henche han desaparecido, quedando solo restos, aunque hay siete de ellos en buen estado, e incluso es posible que en el interior se encuentren cuatro más, de mayores dimensiones y en perfecto estado de conservación.

Y la historia se repite. Recientemente la prensa se hacía eco de otra reparación de la carretera que conduce desde El Toboso a la Venta, mencionando la famosa cerámica de Henche. Varios periódicos, incluyendo La Tribuna de Toledo del 13 de febrero de 2013, celebraron una inversión de 1,5 millones de euros para mejorar esta carretera, y dicen: "La carretera, de unos cuatro kilómetros, se encuentra en muy mal estado,…, que hacen tortuoso el camino, que también conduce a la ermita de San Isidro… La vía es conocida como la carretera de La Venta… ha sido un enclave importante para la agricultura y ganadería toboseña y ofrece una serie majestuosa de cerámica de Talavera.

Solo a falta de tres capítulos para acabar su obra, en el capítulo 72 de la segunda parte, Cervantes narra la vuelta de Sancho y don Quijote a El Toboso, después de tantas aventuras. Es Sancho el que, al divisar a lo lejos su aldea, dice: *"Abre los ojos, deseada patria, y mira que vuelve a ti Sancho Panza tu hijo, si no muy rico, muy bien azotado. Abre los brazos, y recibe también tu hijo don Quijote, que si viene vencido de los brazos ajenos, viene vencedor de si mismo; que, según él me ha dicho, es el mayor vencimiento que desearse puede. Dineros llevo, porque si buenos azotes me daban, bien caballero me iba"*.

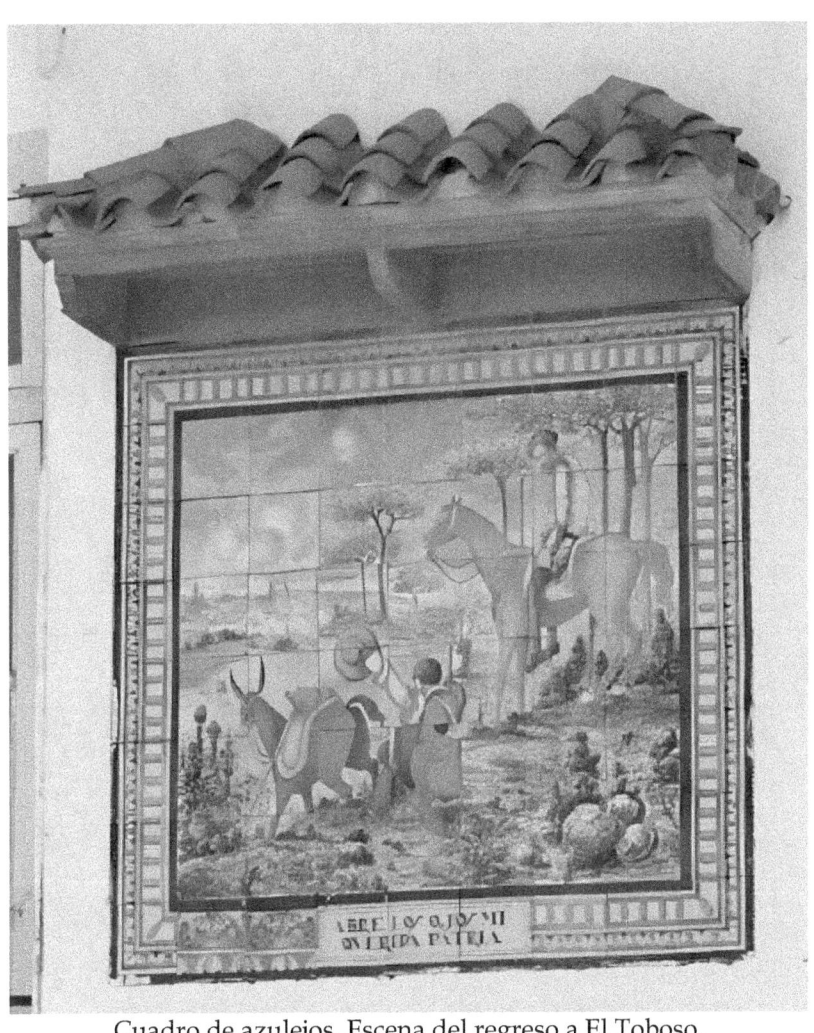

Cuadro de azulejos. Escena del regreso a El Toboso.
Capítulo LXXII de la segunda parte.
Casa Henche, 1926.

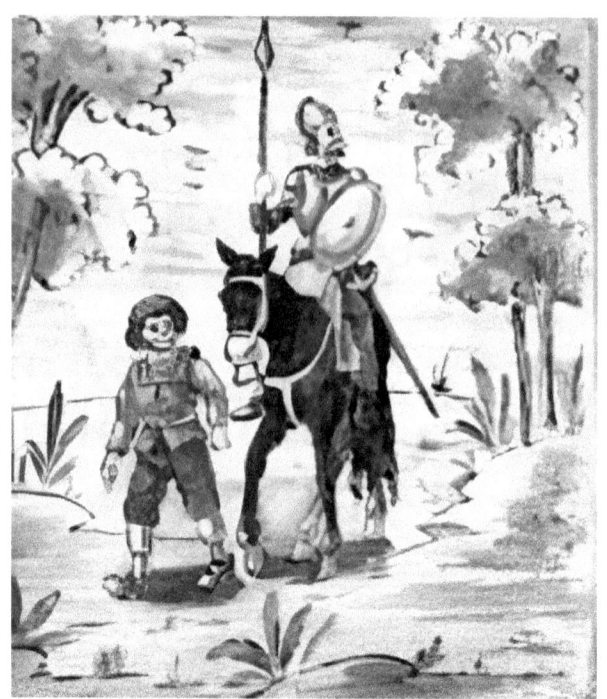

Quijote y Sancho en la serie de 25 azulejos.
Casa Henche, 1926.

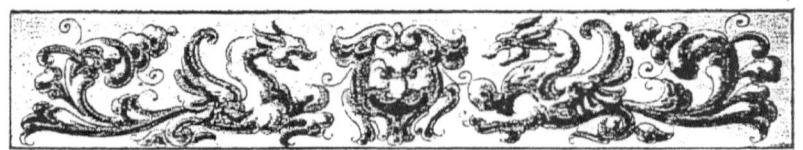

Cuarta Parte.

La obra en barro y los tapices.

Capítulo 12.

LA CERÁMICA ANTIGUA TALAVERANA.

Platón Páramo.

Para continuar esta historia, es necesario poner rumbo de nuevo a Talavera de la Reina. El doctor Henche, impulsado por el profundo significado histórico detrás de cada proyecto, se embarcó en diversas colaboraciones que resaltaron su amor por la cerámica y su deseo de mantener vivas las tradiciones artísticas de Talavera de la Reina. Desde su contribución en la Ermita del Prado junto a Ruiz de Luna hasta su incursión en la producción de sedas con un toque talaverano y la creación de los hermosos cuadros de azulejos que adornaron la fachada de la Venta de El Toboso, el doctor Henche demostró su compromiso con el arte y la historia.

En esta cuarta parte, exploraremos las motivaciones que llevaron al doctor Henche a optar por la creación de piezas de barro, siguiendo la tradición renacentista que surgió en Talavera de la Reina a principios del siglo XX, cuando los artistas talaveranos comenzaron a crear reproducciones exactas de piezas de los siglos XVI, XVII y

XVIII. El doctor se sintió profundamente interesado en la herencia cultural y artística de Talavera, y supo cómo contribuir a la revitalización de esta corriente artística.

El doctor Francisco Andrés Henche se sumió en la documentación sobre el arte talaverano al explorar la rica colección de libros antiguos en la biblioteca del Palacio de Velada. Allí, se encontró con una variedad de obras que abarcaban una amplia gama de temáticas. A medida que profundizaba en su faceta de investigador, fue consciente del extenso legado de la cerámica artística talaverana que se remontaba al siglo XV. Sin embargo, esta tradición experimentó su apogeo durante los siglos XVII y XVIII. Un evento significativo en la historia de la cerámica talaverana ocurrió en 1601, cuando el duque de Lerma emitió la Pragmática de Sobriedad, que buscaba reducir el gasto en plata. Esta medida implicaba que las vajillas de plata de la nobleza debían ser fundidas y convertidas en monedas, mientras que las nuevas vajillas deberían ser elaboradas en loza. Las vajillas de Talavera pronto destacaron por su calidad y comenzaron a ser distribuidas por todo el país, ganando renombre y reconocimiento.

Uno de los libros de referencia que proporciona una síntesis de la famosa cerámica talaverana de los siglos pasados es la obra de Platón Páramo titulada "La cerámica antigua de Talavera" editada en 1919. Este libro es, en realidad, una transcripción de una conferencia que el autor ofreció en el Ateneo de Madrid el año anterior. En su obra, Páramo ofrece una visión concisa pero informativa de la cerámica talaverana de épocas anteriores y complementa sus puntos con fotografías que ilustran la belleza de estas creaciones cerámicas. Este libro se convirtió en un recurso valioso para aquellos interesados en explorar y comprender la rica tradición cerámica de Talavera.

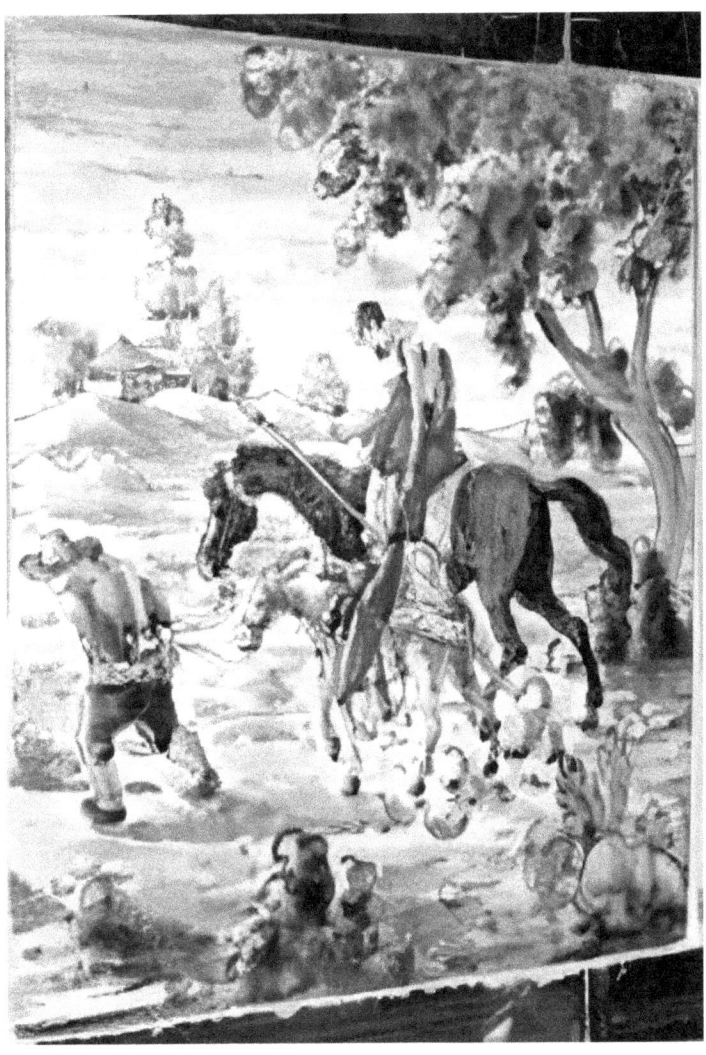

Quijote y Sancho en la serie de 25 azulejos.
Casa Henche, 1926.

Platón Páramo Sánchez (1857-1929) no solo era el farmacéutico de Oropesa, sino también un apasionado coleccionista de arte, particularmente de piezas talaveranas de siglos pasados. Su compromiso con la preservación y el estudio de la cerámica antigua de Talavera lo llevó a convertirse en académico de la Real Academia de Bellas Artes de Toledo, una posición que reflejaba que era una de las personas más versadas en la cerámica antigua de Talavera.

En 1912, Platón Páramo abrió las puertas de su hogar al renombrado pintor Joaquín Sorolla. La ocasión especial fue un encargo de la Hispanic Society of America, en el que Sorolla se embarcó en la misión de retratar la vida de los habitantes de Lagartera, capturando sus trajes típicos y su forma de vida. A su vez, Páramo mantenía una amistad cercana con el ceramista Juan Ruiz de Luna, quien se unió al grupo y documentó el proceso fotográficamente, dejando testimonio de Sorolla en plena creación en el idílico entorno de Lagartera.

En un acto de agradecimiento y estrecha amistad, Sorolla inmortalizó a Páramo en un retrato que, con el paso del tiempo, se ha convertido en una codiciada pieza de colección, alcanzando precios elevados en subastas en la actualidad. Esta asombrosa historia de amistad y colaboración ha quedado inmortalizada en los célebres cuadros de Sorolla, en las fotografías de Ruiz de Luna y en el retrato de Páramo, creando imágenes que perduran en la memoria y la historia del arte.

El doctor Henche dejó una pista sobre la historia anterior en uno de sus manuscritos, revelando que la Casa Henche también creó representaciones de lagarteranos en platos de cerámica de gran tamaño. Esta elección refleja su admiración por la historia anterior.

En su libro, Platón Páramo destaca que a diferencia de otros centros productores de cerámica en Andalucía, Valencia y Cataluña, todos con raíces árabes comunes, Talavera se destacó desde siglos atrás. La razón radica en que solo en Talavera se conocía el secreto de la técnica cerámica. Aunque la influencia árabe se mantuvo en Talavera, se desarrolló un estilo que se reconocía fácilmente a primera vista. Esta cerámica se destinó a la decoración de templos y palacios, y su fama se extendió incluso a las Américas.

Respecto a la técnica, Páramo resalta que ya en el siglo XVI las piezas eran bañadas "con la cubierta o vidriado estañífero que los Roblias importaron a España". Respecto a los azulejos dice "empieza Talavera en el siglo XVI a llenar el mercado con sus productos, más acomodados a las corrientes del renacimiento italiano, con sus vistosos frisos de asuntos mitológicos y profanos". Otros detalles que aporta sobre las reproducciones en azulejos: "Es muy corriente en los frontales del XVI imitar en sus fondos y cenefas las labores de las ricas telas orientales, ornamentación que se perpetúa hasta mediados del siglo XVII".

Platón Páramo menciona en su obra que posee en su colección un escudo compuesto por doce azulejos policromados, datados en el año 1611 y provenientes del Palacio de Velada. Además, señala que hacia el año 1696 existían 22 alfares en Talavera. También comenta que "es rara la casa que, a la subida de la escalera, no tenga una Virgen del Prado, casi todas del siglo XVIII y con cenefas Luis XV". Por último, destaca las palabras del crítico de arte Francisco Alcántara, quien afirmó que "los pintores de la azulejería talaverana fueron italianos, o españoles italianos".

El doctor Henche, consciente de lo anterior, tenía en su casa de Talavera, ubicada en la calle Sol, una reproducción de la Virgen del Prado que él mismo elaboró en uralita, lo que constituía una obra muy original de la Casa Henche. También nos dejó esa pista.

Manuscrito del doctor Henche, año 1949.

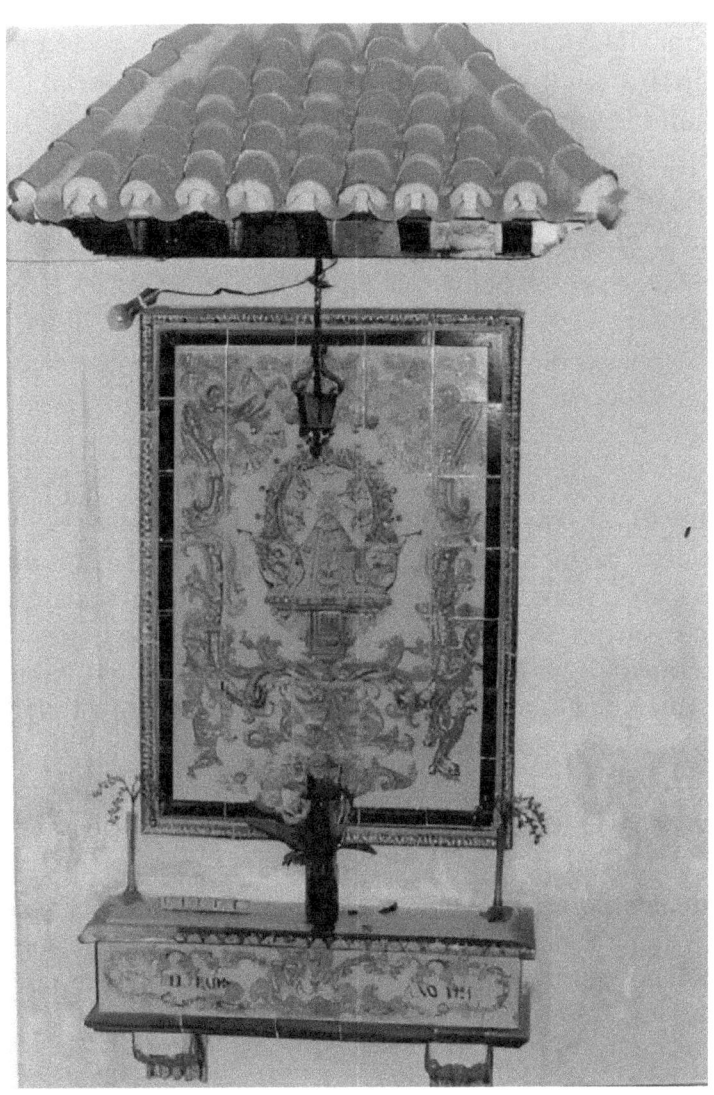

Virgen del Prado. Casa Henche, 1924.
Fotografía de Ángel Ballesteros.

Platón Páramo menciona en su libro a Francisco Alcántara, una persona importante en esta historia. No es casualidad que el nombre de este artista cordobés sea el que da nombre a la Escuela de Cerámica de Madrid desde el año 1911. Ligado a la Institución de Libre Enseñanza, destacó en su trabajo como crítico de arte en la prensa y revistas especializadas. Su amor por la cerámica tuvo su recompensa con la inauguración y dirección de la Escuela de Cerámica de Madrid, donde contó en su claustro con destacados artistas como Guijo, Zuloaga o Benlliure, entre otros.

Respecto al barro, Platón Páramo se refiere al barro vidriado. Menciona que "En 1596 había en Talavera ocho alfares de lo fino… la arena, los metales y cuantas sustancias se empleaban en la preparación de las lozas y azulejos… son exactamente iguales a las que hoy se verifican, no habiendo otra diferencia que la de la arena, que entonces la traían del pueblo de Mejorada, y hoy utilizan la del río Tajo".

El secreto de la técnica Talavera se desarrolla después del primer cocido de las piezas. Páramo explica que estas piezas se llaman "de bizcocho" y se bañan "en la tina, en la que, cuidadosamente molidas, están en suspensión las sustancias que constituyen el vidriado o cubierta estañífera, que son: el estaño, plomo, arena y manganeso".

Después de esta primera fase, las piezas se pintan y se someten a otro proceso de cocción. "Estos colores vitrificables son los que entran en su composición, óxidos que no se coloran sino en estado de sales, como son los verdes de cobre, los violetas de manganeso, los azules de cobalto y los negros… Los objetos cerámicos, así bañados y pintados, pasan otra vez al horno a 900 grados,… a cuya temperatura funden al mismo tiempo los metales, la sílice del baño y los óxidos de los colores empleados por los pintores, formando una capa vítrea y transparente los silicatos de estaño y plomo; capa que resulta seca y sin transparencia cuando se pinta sobre baño cocido, en que los colores empleados no se funden al mismo tiempo que los metales de la cubierta estañífera".

El resultado final es la loza talaverana vidriada y pintada.

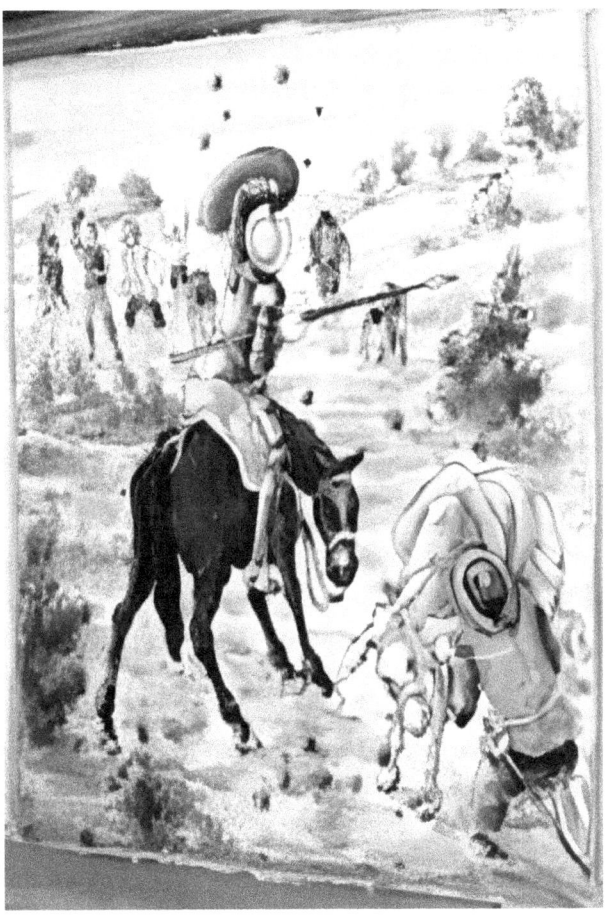

Quijote y Sancho siendo apedreados. Serie de 25 azulejos.
Casa Henche.

Páramo continúa dando datos técnicos: "Los colores empleados en cerámica son: el blanco, amarillo, anaranjado, pardo o morado, azul y verde. El blanco resulta de la trituración y calcinación de la arena fina con el estaño, la barrilla y algo de plomo, que reducido a polvo fino y suspendido en el agua forma el baño que cubre la superficie de los objetos de barro cocido, baño que, al fundirse en el horno a 900 grados la sílice que constituye la arena, y los metales, forman silicatos de estaño y plomo, capa vítrea y transparente llamada cubierta estañífera y vulgarmente vidriado. Los colores azul, anaranjado, amarillo, verde y pardo morado se preparan con los óxidos de cobalto, hierro, antimonio, cobre y la manganesa comercial".

Páramo también aporta datos históricos narrando diversos hechos que provocaron el declive de los famosos alfares talaveranos. La primera causa se debe a Ruliere: "En 1748 sufre otro golpe la industria cerámica de Talavera, pues muchos de los oficiales de sus fábricas abandonan su oficio para dedicarse al más productivo de ser obreros de la Real Fábrica de sedas".

Después, narra los hechos ocurridos en la batalla de Talavera en 1809: "… a principios del XIX, franceses e ingleses destruyen e incendian las fábricas de Talavera, terminando radicalmente con esta industria; pues, aunque en 1810 volvieron a funcionar tres alfares, ya solo fabricaban cacharrería… Al principiar el siglo XVIII había 22 alfares en Talavera, y en los primeros años del XIX solo quedaba uno … después de la famosa batalla de Talavera, en julio de 1809, lo mismo las tropas francesas que las inglesas se dedicaron a ir destruyendo y quemando así las fábricas de seda como las de cerámica, reduciendo a cenizas en Talavera el numeroso barrio de los alfareros, que todavía lleva hoy el nombre de Cañada de los Alfares recordando el sitio en que estaban sus hornos".

Finalmente, Páramo confirma en su libro que la última fábrica artística talaverana cerró a mediados del siglo XIX. "Las tropas inglesas de nuestro aliado lord Wellington, después de destruir la Real Fábrica de sedas de Talavera, se dedicaron a ir haciendo lo propio con las fábricas de hilado de la seda y depósitos del capullo que en los pueblos comarcanos tenía la Real Fábrica, como Oropesa, Velada, Calzada y otros... en Talavera, al mediar el siglo XIX, no quedó rastro de su industria cerámica".

Emilia Pardo Bazán, destacada escritora y condesa, visitó la ciudad de Talavera de la Reina, siendo testigo de esta triste realidad. En su crónica para La Ilustración Artística del 6 de septiembre de 1915, relató su visita a la ciudad unos años antes y su búsqueda de los famosos alfares de cerámica artística. Sin embargo, se encontró con la triste realidad de encontrar solo dos modestos alfares que elaboraban platos ordinarios y lisos, muy lejos de la espléndida loza talaverana que ella admiraba. Se apena y dice: "Yo conocí la loza de Talavera, por la rica colección que poseía mi amigo el conde de Superunda, y hoy pertenece, por herencia de este señor, a la Infanta Isabel. Al no encontrar en Talavera nada que a esto se asemeje, comprendí que me encontraba en presencia de una de tantas encantadoras industrias perdidas".

Capítulo 13.

EL RENACIMIENTO DE LA CERÁMICA TALAVERANA.

Ruiz de Luna, Guijo, Montemayor, Ginestal, Machuca y Broncano.

Dice en su libro Platón Páramo que a principios del siglo XX la cerámica artística talaverana vuelve a renacer. Relata cómo fue la historia, de la cual formó parte: "En 1908, vino a Talavera un artista decorador sevillano, Enrique Guijo, que, por su afición a la cerámica, pintó algunos cacharros en un alfar de loza valenciana, cacharros que, vistos por Ruiz de Luna, y por el que tanto tiempo lleva molestando vuestra atención, sirvieron de guía para estimar que, con un artista como Guijo, se podía intentar el renacimiento de la cerámica talaverana, y, resueltos a ello, nos asociamos y fundamos la actual fábrica, bajo la razón social de Luna, Guijo y Compañía".

En realidad, Enrique Guijo es cordobés, pero comenzó trabajando en el alfar sevillano de Mensaque. La razón de su salida fue que se sentía decepcionado porque los propietarios no le revelaban el secreto de su cerámica, sintiéndose quizás marginado. Es posible que esta fuera la razón por la cual Páramo ofrece tantos detalles técnicos de la cerámica talaverana, para evitar así situaciones similares.

Todos ellos tenían razones comunes para revitalizar la antigua cerámica talaverana: Ruiz de Luna es un artista hecho a sí mismo, Guijo es un experto en la pintura sobre cerámica y Páramo tiene su colección de piezas antiguas a las que imitar. Era la combinación perfecta y el inicio del renacimiento de la cerámica talaverana.

Dice Páramo: "Numerosos discípulos de Guijo, que hoy pintan admirablemente, entre los que descuella Francisco Arroyo, hacen honor hoy a Talavera y a este simpático arte español".

Francisco Arroyo, en efecto, es la misma persona que más adelante será concejal en el Ayuntamiento de Talavera de la Reina y adjudicará a Ruiz de Luna y a Francisco Andrés Henche los trabajos de colocación de los azulejos de la ermita de San Antón en el pórtico de entrada de la Ermita del Prado, además de los azulejos de repetición.

Finaliza Páramo explicando cómo el alfar fue transferido por los socios a Ruiz de Luna, quedando este último como único propietario: "Como la fundación de la nueva fábrica no fue por buscar el lucro, y sí solo por la satisfacción de hacer renacer esta industria, una vez conseguido nuestro deseo, los socios se la cedimos, sin interés ninguno, al señor Ruiz de Luna, que es hoy el único dueño de ella, y Dios quiera que tenga muchos años de vida, para satisfacción y honra de mi

Patria". Ruiz de Luna acordó con sus socios la devolución de las cantidades invertidas en un periodo de cinco años. Además de los socios mencionados por Páramo, también participaron en esta empresa Juan Ramón Ginestal, Manuel Casas Gallego, José Gallego Benito y el marqués de Villatoya.

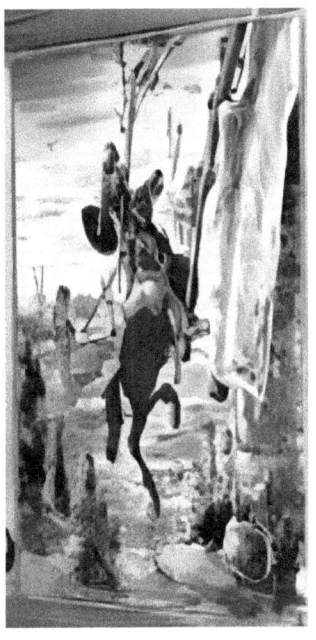

Escena del Quijote contra el molino en la serie de 25 azulejos.
Casa Henche.

Unos años después, Emilia Pardo Bazán se encuentra con Platón Páramo en Mondariz, y ella menciona en su artículo que "la rica colección de Páramo ha suministrado tipos y ejemplares para las infinitas formas de tan variada cerámica". Esto se refiere a que Páramo le explicó que cada pieza reproducida por Ruiz de Luna era una copia de un modelo de siglos pasados que él tenía en su colección personal.

Páramo le relató a Pardo Bazán que la industria artística de la cerámica en Talavera es relativamente reciente, teniendo sus inicios a finales del siglo XV. Hasta ese momento, en Talavera se producía principalmente cerámica común y utilitaria para el hogar. La escritora señaló que Páramo le reveló el secreto de la cerámica artística talaverana: "Al iniciarse el procedimiento del baño estañífero, que resulta de la trituración de la arena fina con estaño, barrilla, y aleación de plomo calcinado, empieza el arte de la "talavera".

Por último, doña Emilia terminó su conversación con Páramo, que ahora trata sobre el final de los alfares talaveranos: "La decadencia de tan bella industria vino insensiblemente. Al fundar Fernando VI en Talavera la fábrica de seda, con seiscientos operarios holandeses, descargó sin querer un golpe de muerte a la loza. Los mejores operarios se fueron a la sedería, donde se encontraban mejor pagados. Otro quebranto fue la fundación de la magnífica fábrica de cerámica del Retiro" refiriéndose a la Real Fábrica de Porcelana del Buen Retiro (1760-1850).

Actualmente, los expertos en ceramología proponen que este renacimiento talaverano surgió porque varias personas animaron a Guijo a crear piezas similares a las famosísimas de siglos pasados. Son intelectuales afincados en Madrid y educados o influenciados por la Institución de Libre Enseñanza, como Francisco Alcántara, Álvarez Osorio y los hermanos Machado.

Coincide que fue en el año 1907 cuando Guijo llegó a Talavera y el doctor Francisco Andrés Henche tomó posesión como médico titular de Pueblanueva como su primer destino. Allí estaba el doctor desde el principio de este renacer talaverano, conociendo a cada uno de los protagonistas de esta corriente artística y comenzando sus propias investigaciones sobre las diferentes formas de arte.

Aunque la cabeza visible de esta nueva etapa cerámica es Juan Ruiz de Luna (1863-1945) y su alfar de N.S. del Prado, también forman parte de la historia de Talavera varios artistas más, como el ya citado Enrique Guijo Navarro (1871-1945), que una vez disuelta la sociedad con Ruiz de Luna, creará su propio alfar en Carabanchel. También se encuentra en esta lista Francisco Arroyo Santamaría, que trabajó en el alfar de N.S. del Prado desde el inicio, recibiendo formación de Guijo y siendo después formador de ceramistas, por lo que siempre será recordado como el maestro Arroyo.

Si Pardo Bazán hubiera visitado Talavera en los años veinte en lugar de hacerlo en los primeros años del siglo XX, se hubiera encontrado con una variedad de alfares artísticos donde adquirir alguna pieza, tal como ella buscaba. En mi opinión, este renacimiento fue un éxito porque hubo un grupo de alfares que representaban la idea de un colectivo creando arte, sin importar el volumen de producción o el número de empleados en plantilla. Aunque, como señala el profesor Ángel Ballesteros, estos pequeños alfares quedaron "a la sombra del éxito" de Ruiz de Luna, refiriéndose al doctor Henche, Julián Montemayor, Enrique Ginestal, Francisco Machuca y Fernando Broncano, que contaron con alfares más modestos pero de una calidad notable.

Sin embargo, este renacimiento de la cerámica talaverana estuvo al borde del fracaso. La primera vez que Enrique Guijo visitó Talavera, buscó al ceramista Niveiro, quien rechazó su propuesta y la criticó por carecer de creatividad, ya que pensaba que copiar piezas antiguas disminuiría el valor del autor. La familia de Emilio Niveiro Gil tenía el alfar El Carmen desde 1849, que era el único alfar que había en Talavera antes de 1908 y se dedicaba a la producción de loza popular. Este alfar estaba ubicado en el antiguo convento de Carmelitas descalzos. Afortunadamente, Guijo pintó una pieza en el alfar de Niveiro y fue vista por Ruiz de Luna. Esta segunda oportunidad resultó ser la correcta.

El doctor Henche comenzó a contribuir al renacimiento del arte talaverano alrededor del año 1924, o un poco antes, y lo hizo a través de diferentes formas de expresión artística. Plasmó el estilo Talavera en seda, uralita, azulejos, piezas de barro, abanicos y tapices. En esa época, varios factores se alinearon: la corriente de pensamiento del Regeneracionismo, que buscaba recuperar tiempos gloriosos; historiadores que abogaban por la conservación de los monumentos y la cultura; y artistas que disfrutaban reproduciendo obras antiguas. Estos puntos eran compartidos por muchos intelectuales de la época.

Henche y Henche-Montemayor ofrecían trabajos que reproducen fielmente la renombrada cerámica de Talavera de los siglos XVI, XVII y XVIII, lo que refleja su compromiso con la nueva corriente artística que estaba en alta demanda.

Anuncio de las especialidades de Henche-Montemayor y de la Casa Henche, año 1925.

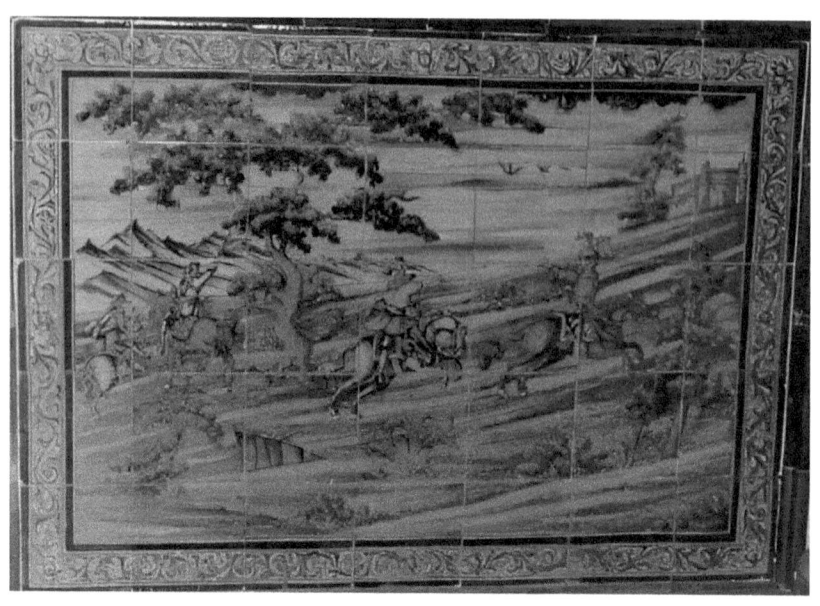

Cuadro de azulejos. Casa Henche.
Fotografía de Ángel Ballesteros.

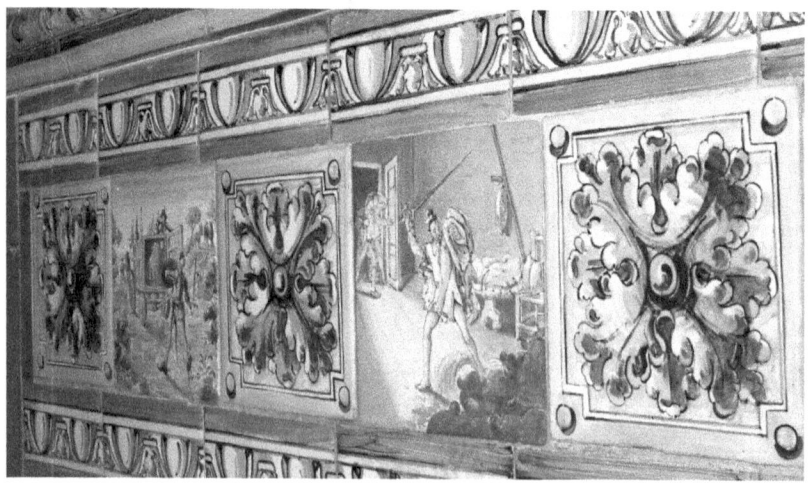

Parte de la serie de 25 azulejos con escenas del Quijote.
Casa Henche.

Capítulo 14.

LOS TAPICES DE LA CASA HENCHE.

Francisco de Goya.

La Real Fábrica de Tapices, creada en el siglo XVIII por encargo de Felipe V, tenía como objetivo establecer una tapicería nacional que rivalizara con las renombradas de Flandes y Francia. Para lograrlo, el primer rey Borbón trajo a España al maestro tapicero flamenco Jacobo Van der Goten. Su llegada a España fue un caso similar al de Ruliere, ya que también fue retenido en un castillo para evitar su traslado y logró escapar con su familia. Van der Goten permaneció en España y sus hijos continuaron el oficio, importando el telar de alto lizo. Esto permitió que los pintores de cámara de Carlos III comenzaran a pintar cartones que luego se convertirían en diseños para ser reproducidos en tapices.

La Real Fábrica de Tapices fue inaugurada en Madrid en el año 1721 con el propósito de producir obras de arte para la Corona española. En esta fábrica se elaboran alfombras, tapices y reposteros de alta calidad.

Un repostero es una confección de paños decorados que se utilizaba para engalanar las paredes. Estos paños mostraban escudos de armas o linajes nobiliarios. También se le conoce como "bordado de recorte" porque se crea mediante la disposición de diferentes trozos de tela recortados y sobrepuestos siguiendo un diseño sobre una tela de fondo. La unión entre los diferentes tejidos se borda con cordoncillo, lo que le da un aspecto decorativo y unido.

La Real Fábrica de Tapices se españolizó rápidamente gracias a la influencia de los cartones pintados por Francisco de Goya. Sus diseños se utilizaron para la creación de tapices y contribuyeron a darle un carácter más auténticamente español a la producción de la fábrica.

La elaboración de un tapiz comenzaba con la preparación de un óleo a escala del tamaño real del tapiz. Una vez aprobado, se confeccionaba un cartón pintado en tamaño real sobre el cual se tejía el tapiz. Este era el trabajo de Goya: crear el primer óleo y el cartón, aunque a menudo ambos se denominan simplemente "cartones", ya que los óleos se conservan, pero los cartones fueron utilizados para tejer los tapices. En esa época, este tipo de labor se consideraba un trabajo modesto, y la importancia artística recaía principalmente en el tapiz final.

Los cartones de Goya se almacenaron sin el valor merecido en la Real Fábrica y en 1858 se trasladaron al Palacio Real. Su redescubrimiento en 1870 por Gregorio Cruzada Villaamil contribuyó a darles el reconocimiento que merecían, y ahora son parte destacada de la colección del Museo del Prado. Según lo anterior, muchas de las obras de Francisco de Goya expuestas en el Museo del Prado son los cartones preparatorios para los tapices. Esto contrasta con el hecho de que los tapices no son tan conocidos, porque continúan decorando salas privadas en palacios y residencias reales españolas.

Goya es el cartonista más célebre de la Real Fábrica de Tapices. Se incorporó a este trabajo en 1775. En ese año pintó los cartones para la elaboración de tapices con destino al comedor de los príncipes de Asturias en El Escorial, con motivos de caza: perros y escopetas. Y entre 1776 y 1778 pintó los cartones para el comedor de los príncipes de Asturias en el palacio de El Pardo, destacando El quitasol. Entre 1778 y 1780 pintó las series de cartones de tapices del dormitorio de los príncipes de Asturias, en El Pardo, con escenas como El cacharrero y El ciego de la guitarra. Después de unos años de inactividad, entre 1786 y 1787 realizó la serie de las Cuatro Estaciones para el comedor del príncipe en El Pardo. En 1788 realizó los bocetos para los cartones de tapices del dormitorio de las infantas, entre los que destacan La pradera de San Isidro y La gallina ciega. Entre 1791 y 1793, ya enfermo, realizó 13 cartones para el despacho del rey Carlos IV en El Escorial, destacando La boda o El pelele. Se llegaron a elaborar 24 tapices tejidos sobre cartones de Goya.

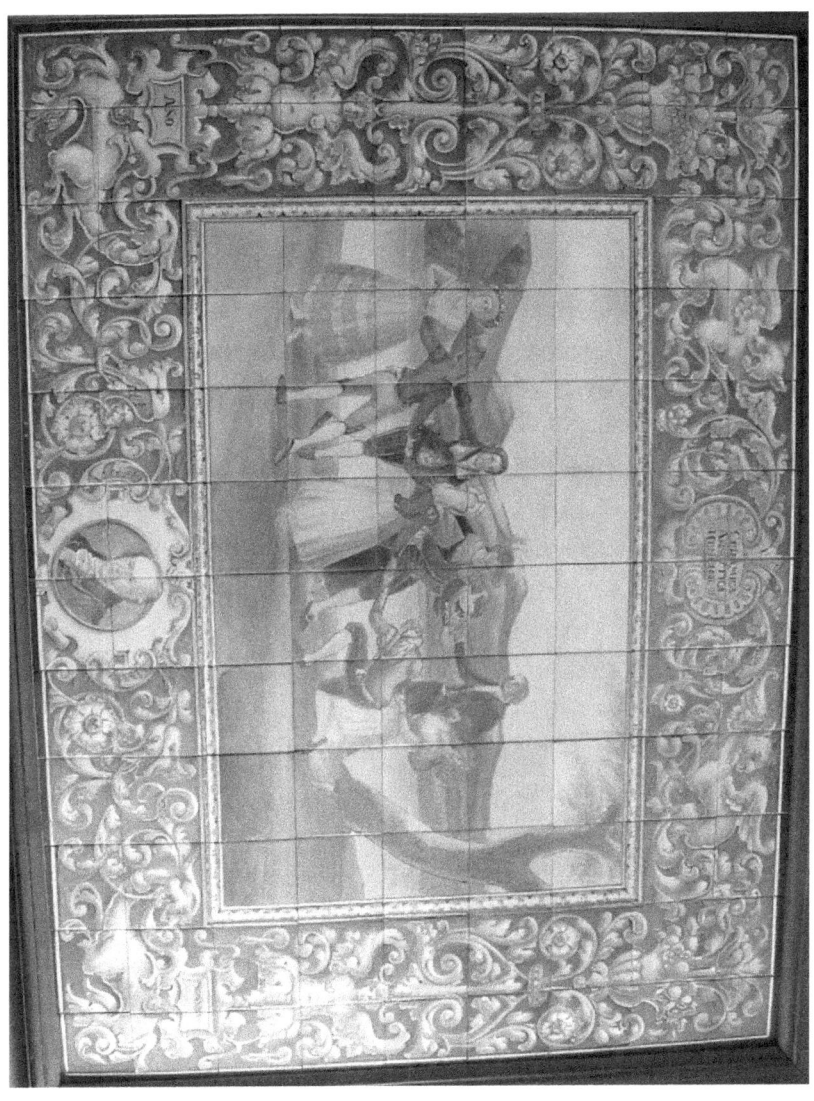

Cuadro de azulejos representando La Gallina Ciega, de Goya.
Casa Henche, 1926.

En 1795 Goya se acerca al infante don Luis de Borbón y Farnesio, al duque de Alba y a Godoy. Todos ellos pasaron por el Palacio de Velada, Talavera de la Reina y

Arenas de San Pedro, lugar este último donde Goya retrató a la familia del infante don Luis, incluyendo a su hija, nacida en el Palacio de Velada en 1780, que más adelante será la XV condesa de Chinchón y se casaría con Manuel Godoy.

La invasión francesa acabó con la fábrica, pero no para siempre. Quedó destruida y se reconstruyó años después, cambiando su ubicación desde Santa Bárbara a su nueva ubicación en Atocha.

El doctor Francisco Andrés Henche fue un gran admirador de Goya y también quiso añadir su granito de arena en esa corriente artística regeneracionista de la época. La Casa Henche, en otra vertiente de su trabajo artístico, elaboró alfombras, tapices y reposteros, queriendo recordar los trabajos de la Real Fábrica de una manera modesta. El doctor disfrutaba mucho elaborando estas piezas que resultaban ser muy agradables en la decoración del hogar.

El doctor presumía orgulloso de los cinco tapices de la Casa Henche representando obras de Goya que tenía colgando de las paredes de su salón: Las floreras, La vendimia, El cacharrero, La mujer del cántaro y El quitasol, todos ellos encabezados por una gran orla Renacimiento estilo Talavera, tal como nos cuenta el doctor.

Manuscrito del doctor Henche, 1949.

La elaboración de alfombras también tenía el estilo Talavera, y los reposteros fueron muy reconocidos y premiados. Todos estos elementos se destinaban a la decoración de interiores.

Manuscrito del doctor Henche, 1949.

Un trabajo muy reconocido y premiado en su época fue la elaboración por la Casa Henche de un repostero encargado por la Casa de Alba para decorar su palco en el Teatro Español. El redactor del periódico El Castellano, comentando la Exposición de Cerámica Toledana celebrada en el mes de agosto de 1925, da detalles del repostero: "Sobre raso crema, el escudo de la Casa de Alba es como un poema armonioso y rítmico, hecho de luz y color, que canta en sus cuarteles la gloria de España, que es la propia gloria del añejo escudo, cuya historia es la historia de príncipes y de reyes. Una graciosa y policromada ornamentación renacimiento, señorial y magnífica, exalta y completa la valoración de la obra".

Más adelante, el doctor Henche nos dará más detalles de la elaboración de este repostero: "Repostero con el escudo del Duque de Alba pintado al óleo en tisú de oro y renacimiento policromado, con fleco de oro, de 1,80 x 1,20 metros". También indica que el repostero fue premiado en las Exposiciones de Milán y Filadelfia.

Los tapices de Goya elaborados por la casa Henche también quedaron incluidos en los manuscritos del doctor dirigidos al Ayuntamiento de Talavera de la Reina reclamando sus bienes.

> ' Lo mismo se podría decir de los tapices de Goya, de los cuadros de azulejos reclamados, ánforas, jarrones, bastoneras y otros objetos de cerámica, recurriendo al testimonio de algunos artistas pintores de los que tuve trabajando en la fábrica de cerámica, pues quizá alguno de tales objetos fueron pintados por alguno de ellos, como, por ejemplo sito a Tomasa Ocaña, domiciliada en la calle de Mula; apar-

Manuscrito del doctor Henche, año 1949.

Despedida.

Aquí termina nuestro viaje. Nuestro recorrido ha sido guiado por el intercambio de escritos entre el doctor Henche y el Ayuntamiento de Talavera de la Reina, reclamando el doctor la devolución de sus bienes. Cada pequeño detalle de esos escritos ha resultado ser una pista que nos ha permitido navegar en el tiempo para encontrar la historia artística talaverana y la obra elaborada por la Casa Henche, gracias a que el doctor guardaba en su casa una copia de cada obra significativa.

Ha sido una labor de búsqueda minuciosa debido a que las obras de la Casa Henche se encuentran en casas particulares, perdidas en algún rincón, desaparecidas durante la guerra civil, aunque pudiera ser que queden muchas otras esperando a ser descubiertas y mostradas a los amantes de la cerámica.

El doctor Francisco Andrés Henche, un nombre quizás menos conocido actualmente que el de sus contemporáneos, jugó un papel fundamental en el resurgimiento de la cerámica en Talavera de la Reina. Los alfares talaveranos del primer tercio del siglo XX marcaron el inicio de una nueva era de esplendor en la producción de cerámica de Talavera. Juntos, crearon piezas de extraordinaria belleza y maestría que se han convertido en tesoros del arte cerámico español.

No obstante, el doctor Henche no se limitó a la cerámica. Sus incursiones en el mundo de las sedas o la uralita son testigos de su versatilidad artística. Cada una de sus creaciones revela un profundo amor por la tradición de Talavera y un compromiso con la excelencia artística.

El legado del doctor Henche también se extiende a los tapices y los reposteros, una forma de arte que él apreciaba profundamente. Sus diseños y obras en este campo capturan la esencia de la cerámica talaverana y la trasladan al mundo de las fibras y los tejidos, creando una conexión única entre dos formas de expresión artística.

En última instancia, el doctor Francisco Andrés Henche y otros artistas de su tiempo, contribuyeron a revivir y preservar el esplendor de la cerámica antigua talaverana. Su legado perdura en colecciones particulares y en la historia de esta ciudad, recordándonos la importancia de honrar las tradiciones artísticas.

Y el merecido reconocimiento a todos ellos llegó en el mes de diciembre de 2019, cuando la UNESCO declaró la cerámica de Talavera como Patrimonio Cultural

Inmaterial de la Humanidad. El Comité cita: "Los procedimientos de fabricación, decoración y esmaltado de este tipo de cerámica siguen siendo artesanales e idénticos a los practicados en el siglo XVI".

Después de tanto navegar en nuestro viaje en el tiempo, estas palabras nos resultan perfectamente entendibles y podríamos decir que la cerámica talaverana se merece un poco más. Y podemos respirar tranquilos al leer que el Comité también reconoció lo siguiente: "Los conocimientos teóricos y prácticos relacionados con este elemento del patrimonio cultural vivo abarcan la preparación de la arcilla, su modelación con un torno o un molde, la ornamentación de la pieza modelada, la preparación de los pigmentos y el esmalte y la cocción en el horno, operaciones todas ellas que exigen una gran destreza".

Terminamos nuestro viaje deseando que hayas disfrutado durante cada singladura sorteando las olas del tiempo y del olvido. Ha sido un placer haber mostrado el génesis, el origen de todo, las razones por las que el doctor Francisco Andrés Henche tuvo la ilusión por crear arte en Talavera de la Reina, la ciudad de la cerámica, que cuenta con una historia rebosante de arte, convertida en un faro que ilumina la senda de la inspiración, donde cada rincón nos recuerda que el deseo de crear trasciende generaciones.

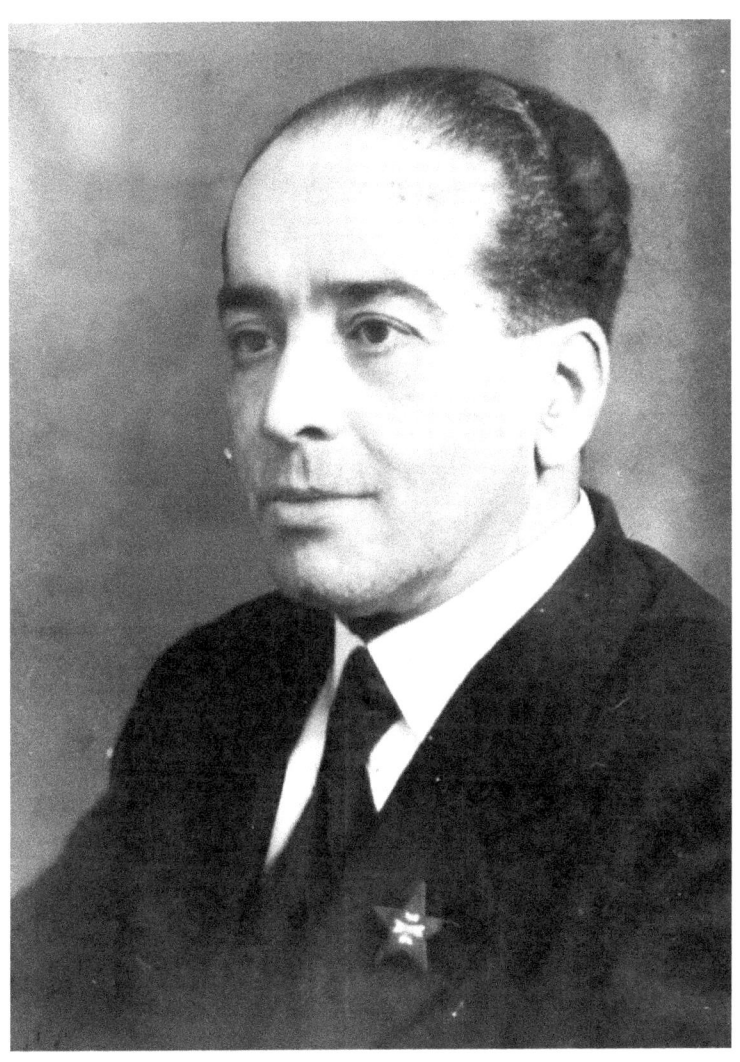

Doctor Francisco Andrés Henche.

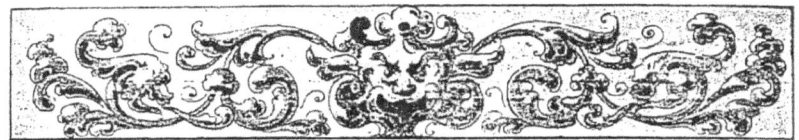

Agradecimientos.

Muchas personas particulares y personal de organismos me han dedicado su tiempo aportando información muy valiosa sobre la obra artística del doctor Henche.

Unos me han hecho llegar fotografías con obras de mi abuelo. Otros, me han enviado documentos e incluso sus propios artículos y publicaciones en prensa dando a conocer la obra de Henche.

A todos ellos quería agradecer la colaboración prestada y en especial a las siguientes personas:

- Ángel Ballesteros Gallardo.

- José María Gómez Gómez.

- Biblioteca de El Toboso.

- Ricardo López Seseña.

Y tantos otros que me han ayudado en esta travesía.

Bibliografía de referencia.

AMEZCUA, MANUEL. El Fuego de San Antonio. 2016. Blog Gomeres.

ANDRÉS DOMÍNGUEZ, SEPTIMIO. El patrimonio del doctor Henche el 3 de septiembre de 1936. Revista Alcalibe. 2006.

ANDRÉS DOMÍNGUEZ, SEPTIMIO. La cerámica Henche. 2007.

ANDRÉS DOMÍNGUEZ, SEPTIMIO. La especialidad en seda de la Casa Henche. Revista Alcalibe. 2008.

ANDRÉS DOMÍNGUEZ, SEPTIMIO. ¡Que llamen al doctor Henche! Relatos de un médico en Talavera de la Reina durante el primer tercio del siglo XX. 2023.

ARCHIVO MUNICIPAL DE TOLEDO. Toledo Revista de Arte.

ARCHIVO MUNICIPAL DE TOLEDO. Diario El Castellano.

ARCHIVO PROVINCIAL DE LA DIPUTACIÓN DE TOLEDO. Provincia. Revista de la Excelentísima Diputación Provincial de Toledo.

BALLESTEROS GALLARDO, ÁNGEL. Cerámica de Talavera: tres tiempos para una historia. 1983.

BALLESTEROS GALLARDO, ÁNGEL. A la sombra del éxito: Henche, Ginestal, Machuca y Broncano. 2005.

BALLESTEROS GALLARDO, ÁNGEL. Siglo XVI, origen y evolución de la cerámica renacentista. Revista Alcalibe. 2015.

BENITO GARCÍA, PILAR. Revista ARBOR. CSIC. El Oficio de Tapicería del Palacio Real de Madrid. 2001.

BENITO GARCÍA, PILAR. La seda en Europa Meridional desde el Renacimiento hasta la aparición del mecanismo Jacquard. 2003.

BIBLIOTECA VIRTUAL DE PRENSA HISTÓRICA. El Tajo, crónica decimal de la provincia de Toledo. 1866-1868.

BIBLIOTECA VIRTUAL DE PRENSA HISTÓRICA. Revista La Esfera.

BIBLIOTECA VIRTUAL DE PRENSA HISTÓRICA. Diario de Albacete.

BIBLIOTECA VIRTUAL DE PRENSA HISTÓRICA. El Nuevo Ateneo. Revista científica, literaria, artística de intereses y noticias locales y generales.

DE LA CALLE VIAN, LAURA. La Real Fábrica de Tapices de Madrid: muerte y resurrección de un arte. 2010.

DE MINGO LORENTE, ADOLFO. El taller de espoletas de la Fábrica de Armas de Toledo, futura Escuela de Arquitectura de Castilla-La Mancha, obra del artillero Calixto Serichol (1884-1936). Revista anual de Historia del Arte. 2022.

FERNÁNDEZ SÁNCHEZ, ILDEFONSO. Historia de Talavera de la Reina. 1897.

GARMA Y SALCEDO, FRANCISCO JAVIER. Theatro Universal de España, descripción eclesiástica y secular de todos sus Reinos y Provincias en General, y Particular. 1738.

GÓMEZ GÓMEZ, JOSÉ MARÍA. Luiz Jiménez de la Llave (1823-1905) en el centenario de su muerte. Revista Alcalibe. 2004.

GONZÁLEZ MORENO, FERNANDO. El Quijote en la cerámica Ruiz de Luna. 2005.

GONZÁLEZ MORENO, FERNANDO. Retablo de san Antón de la Basílica de Prado de Talavera de la Reina: propuesta de estudio y de reinterpretación. 2001.

GONZÁLEZ MORENO, FERNANDO. El renacimiento de la cerámica talaverana: Ruiz de Luna, Guijo y Cía. 2019.

HESSE Y CORRAL, ANTONIO. Apuntes históricos. El Padre Juan de Mariana. Julio 1923 (Alcalde de Talavera).

PÁRAMO, PLATÓN. La cerámica antigua de Talavera. 1919.

RIERA Y SANS, PABLO. Diccionario geográfico, estadístico, histórico, biográfico, postal, municipal, militar, marítimo y eclesiástico de España y sus posesiones de ultramar. Tomo cuarto. 1883.

SÁNCHEZ DOMINGO, RAFAEL. Decreto de extinción de la orden de San Antonio de Vienne en España. Un ejemplo de intransigencia religiosa. Revista de Inquisición (Intolerancia y Derechos Humanos) 2010.

La Basílica Nuestra Señora del Prado "La Sixtina de la Cerámica". https://elpincelconlienzo.wordpress.com/2016/02/01/la-basilica-nuestra-senora-del-prado-la-sixtina-de-la-ceramica/

El Corpus Christi en Talavera. https://www.cardenaldonmarcelo.es/blog/corpus_talavera_30.pdf

Francisco Arroyo Santamaría. Real Academia de la Historia. https://dbe.rah.es/biografias/73410/francisco-arroyo-santamaria

https://www.toledo.es/toledo-siempre/exposiciones-virtuales/homenaje-a-antonio-martin-gamero-1823-1874-cronista-de-toledo/

Biografía de Antonio López Muñoz, Real Academia de la Historia, https://dbe.rah.es/biografias/15933/antonio-lopez-munoz

https://dbe.rah.es/biografias/51223/jose-maria-carnicero-rodriguez

https://cvc.cervantes.es/literatura/clasicos/quijote/indice.htm

https://www.casaplatonparamo.com/historia

Biografía de Juan Ruiz de Luna. Real Academia de la Historia.
https://dbe.rah.es/biografias/5436/juan-ruiz-de-luna

https://www.encastillalamancha.es/cultura-cat/que-hacer/una-muestra-en-talavera-homenajea-al-ceramista-francisco-arroyo-santamaria/

Biografía de Enrique Guijo Navarro. Real Academia de la Historia.
https://dbe.rah.es/biografias/51506/enrique-guijo-navarro

https://cultura.castillalamancha.es/culturaenredclm/juan-ruiz-de-luna-rojas-en-el-160-aniversario-de-su-nacimiento

Dos siglos de labor en la Real Fábrica de Tapices.
https://www.educacionyfp.gob.es/revista-de-educacion/dam/jcr:600c10a3-21f9-42e3-8975-4df672438feb/1949re89obra03-pdf.pdf

Francisco de Goya y Lucientes. Museo del Prado.
https://www.museodelprado.es/coleccion/artista/goya-y-lucientes-francisco-de/39568a17-81b5-4d6f-84fa-12db60780812

Cartones para tapices (Goya).
https://www.museodelprado.es/aprende/enciclopedia/voz/cartones-para-tapices-goya/3057199f-4c46-491b-b0fe-c854679685c7

Cervantes, Miguel. El ingenioso hidalgo don Quijote de la Mancha.
https://www.cervantesvirtual.com/obra-visor/el-ingenioso-hidalgo-don-quijote-de-la-mancha-6/html/

https://www.rtve.es/noticias/20191212/ceramica-talavera-declarada-como-patrimonio-cultural-inmaterial-humanidad/1993624.shtml

www.ingramcontent.com/pod-product-compliance
Lightning Source LLC
Chambersburg PA
CBHW072157290526
45794CB00004B/1547